経営者のみなさん！
準備
できていますか？

株式会社エコリング代表取締役　桑田一成

出版文化社

装幀　鶴岡奈々子

はじめに

絶対に潰れない会社をつくりたい。
会社は永続させなければならない。

私は、創業時から今まで、ずっと変わらぬ思いで会社経営を続けています。ありがたいことに、私を成功者として評価してくれる人もいます。それはとても光栄なことではありますが、私は自分が成功者だと思ったことは一度もありませんし、人並み外れた能力があるとも思っていません。私が経営するエコリングという会社が十六年にわたり存続しているのは事実ですが、それはあくまでも成功に向かう過程であって、到達点ではありません。結果的に会社が潰れてしまえば、その経営は失敗だったということになります。

エコリングの前身となる会社を立ち上げた頃の私は、まだ経営の素人でした。それでも素人なりに考えて、会社が成長するように努めてきました。現在のエコリングになってからは、素人から一歩進んで、経営者として会社を成長させるべく、がむしゃらに前進してきました。会社が成長する過程ではさまざまな障壁に遭遇し、苦境に立たされたこともありましたが、その都度乗り越えてきました。その時々のエピソードはこのあと詳らかにします。

創業十七年目を迎えた今、十年余を振り返ってみると、私はほんとうにアホだったと思うのです。当時の私は、一経営者として数多くのセミナーに通い、会社経営について多くを学びました。潰れない会社でいるための法則は必ず存在する、セミナーに参加して勉強すればその法則がわかる、と信じていました。セミナーに足しげく通って手当たり次第に講演を聴いたのは、潰れない会社をつくる法則があることを裏づけるなにかを、自分の目と耳で確かめたかったからなのかもしれません。私は、潰れない会社の法則をなんとしても会得しようと、ひたすら情熱を注ぎ、できるだけの努力を重ねてきました。しかし、努力の先に見えた答えは私が求めるものとは大きく懸け離れていました。

絶対に潰れない会社なんて存在しない。

このことに気づいたときは愕然としましたが、一方で得るものがありました。

すべては未来に向けて準備することだ。

今にして思えば、私はいつだって準備をしていたのです。会社を軌道に載せる準備、会社を成長させる準備、会社を永続させる準備。潰れない会社はないのだから準備をすることが大切だと気づいて初めて、自分が今までやってきたことは間違っていなかったと確信しました。

経営者として地道に実務に励みながら、引き続き経営のなんたるかを学び、調査と分析を繰り返すうちに、ようやく潰れない会社は存在しないと認めることができました。それならば、できるだけ長く存続する会社を創ろう。「準備」こそが潰れない会社を創るためのいちばんの近道だと思うようになりました。

本書に書かれていることは、すべて私の経験に基づいています。そのうえで、潰れない会社をつくるためにはどんな準備をすればよいか、そして、難局を乗り越えるにはどうすればよいか。本書はそれらを繙《ひもと》くビジネス書です。

本書では、会社経営者に必要な「準備」を提示するにあたり、自らのエピソードを盛り込みながら、発展し続ける会社の経営者が会社の成長段階に合わせてとるべき施策についても私なりにお伝えしようと思います。

準備をするたびに目標を掲げ、それを一つずつクリアしながら突き進むなかで、私は常に、どうすれば社員を幸せにすることができるだろうかと考えます。社内で唯一、利益の再分配をすることができるのは会社の代表です。本書では、代表としての私の考えの深淵まで感じていただきたいと思います。

桑田一成

目次

コラム

創業前

生い立ち

昭和四十三年、私は兵庫県神崎郡に生まれました。兵庫県のほぼ真ん中に位置する山林地帯の一角にある桑田家はとても裕福に暮らしていました。敷地は三百坪ほどで、陸屋根の白い家だったと記憶しています。庭には、老舗旅館にあるような滝付きの池が二つあって、大きな錦鯉が泳いでいました。貸金業を営む父親と専業主婦の母親が、私と姉を育ててくれました。

桑田家は代々医者の家でした。十一代目が若くして亡くなってから、しばらく医業は途絶えました。十四代目にあたる私は、医業復活の使命を負わされましたが、当の本人はプレッシャーを微塵も感じることなく、近くの田んぼ、河原、山で毎日のように友人と遊んでいました。

私が小学四年生の時に両親が離婚しました。それまで裕福だった家庭は一転、母子家庭になりました。放漫経営により貸金業は廃業を余儀なくされ、父親は家族を捨てて逃げるように家を出ていきました。母親は、父親が残した借金を返済するためにバスガイドに復職し、私と姉を育てながら昼夜を問わず働きました。母親は職業柄家を空けることが多いため、姉は全寮制の塾に入り、私は親戚や母親の友人の家を転々としました。

その年のクリスマス。私は夜分早いうちに寝かしつけられ、しばらくするとプレゼントをもらって喜ぶ子供たちの声がふすま越しに聞こえました。私だけがプレゼントをもらうことができず、息を殺して寝たふりをするのは子供ながらに辛かったのを今でも鮮明に覚えています。

母親はそんな私を不憫に思ったのか、小学五年生のときに全寮制の塾に入れました。その塾は当時流行っていたスパルタ教育で、朝から晩まで十分な睡眠時間も摂れない状態で勉強をさせられました。生徒が居眠りをしたり、答えを間違えると、アルミの灰皿が手裏剣のごとく飛んできました。塾長が見回りの際に居眠りをしていようものなら、その生徒は髪の毛を掴まれて、教室から引きずり出され、往復ビンタを喰らいました。いまどきは教師が生徒に手を上げれば大ごとですが、当時はこんなことが日常茶飯事でした。

姫路市の公立中学校に進学してからの私は、勉強にまったく興味が無くなっていました。

日々の授業は自分には簡単すぎて、中学校に通う意味を見出せずにいました。一年生の夏休みが終わり、ついに私は学校に行かなくなりました。母親は引き続きバスガイドで家を空けることが多く、私が学校に行っているかどうかを知る術もありません。それを良いことに私の不登校は続きました。そんな折、私の友人が両親からパソコンを買ってもらったというので、彼の家まで見に行きました。その時に私は初めてパソコンというものに触れました。当時のパソコンに搭載されていた記憶媒体は、カセットテープに記録できる程度の低スペックだったため、画面に絵を描いたり、単純なゲームを作るといった操作しかできませんでしたが、それでも私にとっては夢の箱でした。それ以来、パソコンを触りに友人の家に通い詰め、ますます学校に行かなくなりました。彼の家に行くたびに「お金持ちはこんな物が買えるのか」と思ったものです。私の気持ちを知ってか知らずか、時を同じくして、母親が中古のパソコンを買ってきました。母親は「書道、そろばんの時代は終わった。これからはパソコンの時代だ」と言いました。母親の予言はともかく、私は夢中でパソコンの命令言語を覚えました。私がその時に学んだプログラムを応用して、後に人生を切り拓くことになるとも知らず、私はプログラム作成に没頭し、画面を創るうちに、頭の中で異次元の世界を描いているかのような錯覚に陥るほど楽しんでいました。

ある日、久しぶりに学校に行こうと自転車を走らせていると、姫路市市民会館の前で、大人たちが忙しそうに大きな荷物を運び込んでいました。しばらく見ていると、彼らのうちの一人が私に手伝ってくれと声を掛けてきました。私は興味津津で手伝いました。作業が終わると、リーダーらしき男が私に三千円を手渡しました。大人のように扱ってもらえたことと、アルバイト料をもらえたことがとても嬉しかったのを覚えています。それ以来、市民会館のスケジュールを調べては、催し物がある日を狙って搬入口で待機し、作業をする人に声を掛けました。私がアルバイトの経験をしたのも、仕事をする喜びを味わったのも、それが初めてでした。

相変わらず私はろくに学校にも行かず、アルバイトばかりしていたので、当然出席日数が足りません。それに気づいた時はすでに中学三年生の夏休み前でした。このままでは卒業さえ危うい状況です。母親にこっぴどく叱られる覚悟で三者面談に挑みました。息子の将来に不安を感じた母親は、担任教師に内申書を見せてくれと頼みました。本来なら内申書は当事者といえど開示することはありません。この時ばかりは担任も母親の気迫に根負けしたのか、内申書を見せてくれました。さすがの母親も、内申書に書かれている事実に驚きを隠せず、私を叱責して、その日は学校を後にしました。数日後、再び面談の機会を設けてもらいました。母親は校長と担任を前にして、「内申書とは、本来、子供の未来を切り拓くためのものであって、現状だけを報告して、子供の未来を閉ざすものであってはならない。したがって、なんとか息子を卒業させてほしい」と懇願しました。さらに続けて「私はこの子の未来に責任を果たす覚悟があります。あなた方教師が作成した内申書が元で我が子の将来が閉ざされたときは、責任を取る覚悟はあるのですか」と詰め寄りました。普段の母親は私のことなどほったらかしで、私にはなんの愛情も感じていないのではないかと半ば諦めていましたが、私の行く末を案じる母親の行動を目の当たりにして、むしろその逆だと知りました。

この一件があって以来、私は心を入れ替えました。出席日数が足りないぶんは補習を受けて、内申書に左右されない島根県の全寮制の私立高校に入学しました。

その高校では、私の成績をもってすれば容易にトップを取れると思っていました。同級生は約二百名。入学してからわかったのですが、ほとんどの生徒が暴走族上がりであるばかりか、先輩も教師も、想像をはるかに超える厳しい高校でした。例えるならば軍隊です。

毎朝六時に起床すると点呼があります。点呼をするのは、脱走する生徒がいるからです。六時半から掃除、七時から東方遥拝ののち天津祝詞、大祓の詞、教育勅語を音読。それからようやく朝食を済ませて登校します。登校時は軍歌を歌いながら行進していましたので、傍から見れば異様な光景だったと思います。

学校に行くと、授業の合間に先輩からの体罰が待っていました。罰を受ける者は正座に後ろ手、罰する者は受ける者のみぞおちをめがけて全力で足蹴りを喰らわせました。私も何度かこの体罰を受けて、肋骨が折れたことがあります。

こんな凄まじい学校ですから、私がゴールデンウィーク明けに寮に戻ると約百名が退学していました。その後は季節ごとの長期休暇が明けるたびに退学者が増え、私が卒業する時には約七十名しか残っていませんでした。そのうち成績優秀者は、暴走族上がりの生徒を除く十名ほどでした。結局私の成績の最高順位は六位に留まりました。

規律が厳しいうえに、生徒間で体罰のある学校ですから、当然、学内の学習環境は万全ではありません。私は、放課後になると寮監督の先生を家庭教師代わりに受験勉強をしました。そのおかげで、バイオテクノロジーの品質改良について最先端の研究ができる日本大学農獣医学部畜産学科（現生物資源科学部）に合格することができました。

この私も御多分に洩れず、高校からの脱走を考えましたが、それでも学校そのものはもちろん、校内で起こるあらゆる事態を受け入れることができたのは、桑田家の医業を復活させるためになんとしても大学に進学しなければならないという確固たる思いがあったからです。

身体的にも精神的にも辛い高校で青春時代を過ごしたおかげで、その先、世間の荒波に揉まれても、それに負けないだけの強い精神力を養うことができました。


大学に入学してからは再び勉学は二の次で、アルバイト中心の日々を送りました。そして在学中には、願ってもない起業の話が舞い込んできました。

私は、高校生の頃に「鶏口牛後」という言葉に出会いました。大きな組織の末端で働くより、小さな組織を率いる方がよいという意味です。その言葉どおり、私はいつか必ず組織のトップに立ちたいという夢を持つようになりました。

時はバブル期。何をしても儲かる時代でした。今こそチャンスだと思い、大学生活はそっちのけでパブの経営に乗り出しました。それができたのは資産家の出資がバックにあったからです。改装、店名変更（看板書き換え）などを行い、最新機種のカラオケを導入しました。当時のカラオケは一曲につき百円を課金する店が多いなか、私の店では無料で歌うことができました。それを聞きつけた同期の女子学生が遊びに来ました。彼女たちがカラオケを楽しんでいるときに来店客があると、忙しそうに働く私を見て自発的に接客を手伝ってくれました。もちろん彼女たちには謝礼を支払いました。そのうち彼女たちは頻繁に遊びに来るようになり、いつのまにかシフトに組み込まれ、気がついたらアルバイトをしていました。

店には、いろいろなお客様がいらっしゃいました。とくに、単独で来店するお客様は経営者が多かったように思います。お客様と話をしながらのパブ経営は、私にとって絶好の勉強の機会でした。たとえば、ディスコを経営する社長が「若者相手の商売は全然儲からない」と言うのを聞いて私は、商売をするなら富裕層を相手にするべきだと思いました。店が繁盛し出した頃、来店したある中国人経営者に、席数を増やそうと考えていることを話すと、「席数を増やせば自分の仕事量も増える。むしろ席数を減らして顧客単価を上げる方が経営効率が良い」と教えてくれました。中国人のたくましい商魂に脅威を感じました。実際そのとおりで、今でも彼の言葉を大切に心の奥に留めています。

私の店は瞬く間に繁盛し、客単価の高い会社経営者はもちろん、当時羽振りの良かった自動車工場で働く期間社員（派遣社員）たちが常連客となりました。あるとき私は、期間社員たちは工場に併設された寮に住んでいると聞き、店から寮まで往復十五分程度の距離を無料で移送するサービスを思いつきました。飲酒の後、帰りの足を心配しなくてよいとなれば期間社員たちは安心して飲みに来ます。このサービスを始めて以来、深夜になるほど来店客数が増えました。

私の人生はこの先順風満帆だと思っていた矢先に、バブルが崩壊しました。それればかりか、常連客が働く自動車工場が数年後に閉鎖されるという話を人づてに知りました。工場が閉鎖されれば売上が減少するのは明白です。そこで、工場が閉鎖される前に、店をお客様付きで売却することにしました。繁盛店の営業権はすぐに六百万円で買手が付きました。

私が店を手放すと知ると「大学に戻った方が絶対に先が明るい」「こんな商売は辞めて一刻も早く大学に戻れ」と強く私に勧めるお客様もいました。

店を畳んでからしばらくは何をすればよいかわからず、大人たちの言うとおり、ひとまず勉学に励むことにしました。卒業までに取得しなければならない単位数を確認するため、学生課に行きました。卒業までにかかる日数を算出したところ、遮二無二勉学に励んで一年半で卒業するか、留年して二年半で卒業するか、いずれかの選択肢しかないことがわかりました。学生課の職員は私に後者を勧めましたが、その時点ですでに二年留年している私には、それ以上の学費を捻出するだけの余裕はありません。家計の事情を考えると、親の援助をあてにすることもできません。パブを売って得た六百万円を生活費に充てたとしても二年半ももちません。私はどうにかして一年半で卒業できる方法を考えました。出席をとる授業ととらない授業、期末試験の問題が毎年同じ科目と違う科目を調べ、過去の試験問題やノートはもちろん、できるだけの情報を掻き集め、一年半で卒業するための計画を立てました。私が二年留年している間に、大学院に進学した同期が先輩風を吹かせていたので、彼らの懐に飛び込んで、すべての情報を入手しました。私は必ずや一年半で残りの単位を取得してみせる、そして「卒業まで二年半かかる」と言った学生課の職員に卒業証書を見せに行こうと心に決めました。

これまでの生活を悔い改めた私に襲いかかる次なる試練は就職活動でした。折しもバブル崩壊後。超氷河期の就職活動です。私立大学で二年も留年している者を採用する物好きな会社などありません。そこで私は公務員になろうと思いました。とはいえキャリア官僚を目指すわけではないので一般職の試験を受けました。筆記試験の後にグループ面接がありました。面接時のテーマは時事です。直近の気になるニュースについて順番に発言を求められました。私が発言するのは四人中四番目です。関西人の私は、「自分がオチをつけなければ」という使命に駆られ、「阪神が優勝しそうなので、毎日気になって仕方がないです」と答えました。それを聞いた面接官が前のめりで「君は阪神ファンなのか」と言葉を発した瞬間、私は合格を確信しました。

社会人生活

晴れて公務員試験に合格した私は郵政省（当時）に入省、簡易保険福祉事業団（当時）に配属となりました。社会人になって初めての上司には理不尽な仕打ちを受け、ことあるごとに嫌味を言われました。ノイローゼ一歩手前まで追い込まれていた私は我慢の限界に達し、上司に向かってボールペンを投げつけてしまいました。その三日後、「島根県の診療所勤務を命ずる」という辞令を受けました。いわゆる左遷です。異動先は、簡易保険加入者を対象に主に人間ドックを行う小さな診療所でした。そこで働くのは事務長をはじめ事務員三名、医師一名、看護師四名、レントゲン技師一名、用務員一名の計十一名です。私が赴任した当時の年間売上は二千四百万円。全国に点在する診療所は統廃合されて、都市部に検診センターが開設される時代にあって、小さな診療所に異動を命じられた私は、赴任してからの約半年はふてくされていました。そんな私に事務長は、来期の予算組みをするように命じました。入省して一年にも満たない私に来期の予算申請をせよとはなんと無謀な話だと思いました。途方に暮れた私は、過去の予算申請書を広げて、数字の積み上げ方を探りながら試行錯誤を重ね、一ヵ月で申請書を完成させました。それを見た事務長は「まさか作れるとは思わなかった」「凄いなあ」と驚嘆しました。事務長は予算を捻出して私にパソコンを買い与え、私の仕事は日に日に増えていきました。当時はパソコンの前身のワープロ（ワードプロセッサ）が主流です。すでにパソコンも販売されていましたが、今ほど普及していなかったので一台七、八十万円と高額です。田舎の小さな診療所でパソコンを使って業績を上げようと目論む事務長の無言の重圧が私にのしかかりました。結果的に業績は上がり、私のパソコンのスキルも向上し、それに比例して仕事をするスピードも速くなりました。

私がこの診療所に赴任した時は左遷されたものと悲観していましたが、日々の業務をこなすうちに左遷という意識は薄れていきました。しかし、本省に戻ることができるのだろうかという不安は常にありましたので、ひたすら目の前の仕事に真摯に取り組みました。ある時ふと「なぜこの診療所は左遷先なのか」と自問自答しました。そもそも郵政省が意図的に左遷先など設けるはずがない。異動を命じられた人が、自分の主観でこの診療所を左遷先だと考えた結果が一人歩きしただけなのではないだろうか。

そこで私は世の中の人が考える「左遷先」を定義することにしました。（一）人事交流がない（誰も赴任したいと思わない）、（二）売上も含めて組織にインパクトを与えていない（社内の誰からも注目されない）、（三）諦めムードが蔓延していて、新しいことに取り組もうとしない。この三点が思い浮かびました。

裏を返せばこの三点を克服すれば左遷は栄転になるはずです。そうなるにはどうすればよいだろうか。私は、年間売上二千四百万円の内訳を徹底的に見返しました。すると、診察すれば売上が伸びるという単純明快な答えが引き出されました。診察する患者数を増やすために、顧客単価の高い患者に着目したところ、ある高血圧症患者が浮上しました。その患者が当診療所に通うようになった理由を過去に遡って調べたところ、人間ドックで高血圧症と診断され、その場で薬を処方されていたことがわかりました。私は診療所の医師に、今後は、初診の患者が高血圧症だった場合は、必ず薬を処方するように頼んだところ、即座に却下されてしまいました。理由を尋ねると、患者が増えて診療時間が長くなると自分の研究時間を確保するのが難しくなるからだと言います。地域の人達はそんな医師の腹の内を見抜いていて、「診察に消極的で人間ドックしかしない診療所」と言っていました。それもそのはずで、彼は実務経験を積むためにこの診療所で働いているにすぎません。専門医になるためにインターンとして働いている彼にとっては、この診療所の売上が伸びるかどうかなど、なんの興味もないことです。そうした彼の態度が患者に伝わっていたのでしょう。私は、なんとかして彼に協力してもらうべく、診察の代わりに研究を手伝うという交換条件を出しました。私は大学で獣医学を専攻していましたから、ある程度の指示があれば医学論文くらい書けます。しかもパソコンはお手の物で、医師が研究発表をするときに使うスライドの作成などは朝飯前です。手始めに私が作った色鮮やかなスライド原稿がその医師の担当教授から好評価を得たことで、彼と私の距離は一気に縮まりました。

それ以降、すべての高血圧症患者に薬を処方したところ、わずか数ヵ月で年間売上目標を達成しました。しかしその一方で、看護師たちが口々に「忙しくなりすぎて困る」と不満を言うようになりました。そこで私はこの問題を解消するためにあるデータファイルを作成しました。そのファイルを活用するようになってからは、患者の検索から当該患者のレセプト請求までクリック一つで完結できるようになり、看護師の不満は解消されました。

短期間で売上が伸びたことで、今度は社会保険事務局と国民保健事務局からの監視が厳しくなりました。急速に診療点数が増したのを不審に思った両事務局は、不正受給があるのではないか、架空請求をしているのではないかなどと疑いの目で診療所を見るようになり、私がレセプト請求をまとめた書類を提出するたびに説明を求められました。しかし、疑われたところで診療所にやましいことなど一つもありません。

その後も売上は右肩上がりに伸び、診療所の運営は順調に進んでいるかに見えました。ところが私が赴任して一年が過ぎようとした頃、売上が頭打ちになりました。その理由は、高血圧症患者を洗い出すローラー作戦が一巡してしまったからです。今よりも売上を伸ばすためには別の方法を考えなければなりません。私は再び過去のデータを引っ張り出して、売上構成を隅から隅まで見た末、次のターゲットを高脂血症患者に絞りました。高脂血症は高血圧症予備軍ですから基本的な治療方法は同じです。業務のルーチンも変わりません。さっそく、医師に高脂血症患者にも薬を処方するように頼みました。この頃には、医師も私も、診療所の業績を上げて第一線に戻ることを目標にしていたので、一足飛びに話は進みました。

それから約二年半、高血圧症患者と高脂血症患者の診察をして薬の処方を続けたところ、売上は約三億五千万円にまで伸びました。我が診療所の飛躍的な売上伸長の話を聞きつけて、多くの診療施設から職員が見学に訪れました。本省からは表彰状を授与されました。努力の甲斐あって、私は三年ぶりに本省に戻ることが決まり、そこから先はとんとん拍子に昇進しました。しかしその頃、郵政民営化案が話題に上り、将来に不安を感じた私は郵政省に見切りをつけ、三十歳で退職しました。退職時にはパソコンのスキルにもかなり自信がついていました。自分でプログラムを作成したり、みんなに便利だと喜んでもらえるようなことをするのが大好きだった私は、郵政省を退職しても食べていけるだろうと楽観的に考えていました。

この先の職はプログラマーか3Dコンテンツ制作かと迷っていたところ、偶然にも私に声を掛けてくれる会社がありました。その会社は、ドイツのベンチャー企業が開発した3Dコンテンツの販売権を持つ日本法人で、かつて私はデモンストレーションのアルバイトをしたことがあります。たとえば、パソコンの外観程度を3D化してWEBにアップロードするだけで約三ヵ月かかりますが、そのベンチャー企業が開発した製品は、あらゆる角度から物体を撮影することで、同等のものをわずか三日で完成させる画期的なものでした。これにより一アイテムを制作するのに百五十万円かかっていたコストが六十万円にまで圧縮されました。日経新聞にこの製品の記事が掲載されたこともあり、驚くほどの注文がありました。私はその日本法人と代理店契約を結び、西日本エリアの営業を任されました。約半年先の営業予定が決まり、この先は安泰だと思っていましたが、実際に半年が経過してみると、他社が疑似3D化する新技術を発表したことで形勢が逆転しました。私が代理販売する製品の方が技術的には優れているのですが、仕上がった映像を見る限り他社製も遜色ありません。しかも、他社はその新技術を八万円で売り込んできたのです。ここまで価格を下げられたのでは太刀打ちできません。新技術の評判が広まるにつれて、私が扱う製品は顧客からのキャンセルが相次ぎ、最終的に一件の注文さえ来なくなりました。悪いことは続くもので、プログラマーとして活動しようにも需要がなく、郵政省時代の貯蓄は減る一方です。

生活のためにパソコン販売のデモンストレーションやソフトウェアのインストラクター

もしました。

地図ソフトウェアのインストラクターとして製品のデモンストレーションをしたときのことです。販売会社の担当者にこのソフトウェアの価格を尋ねると八百万円と言われました。大手ショッピングセンターを経営する幹部向けのデモンストレーションとはいえ、地図ごときにこれほど巨額を投じて会社は潰れないのかと思いました。売上状況の詳細まではわかりませんでしたが、アルバイトを雇うことができる程度の売上はあったのでしょう。

アルバイトをしながら極貧生活を続けるのもいよいよ限界に達し、ついに闇金で借金をするところまで追い込まれました。通常、銀行などの融資を受けられない者はまずサラ金に手を出し、その返済ができなくなると闇金業者に駆け込むのでしょうが、私は初めから闇金業者に助けを求めました。サラ金は手続きが面倒な気がしたのと、自営業といっても無収入の私にお金を貸してくれるわけがないと思ったからです。闇金業者との付き合いはその頃から始まり、最終的に約五百万円借りました。やがて私は闇金業者と金利交渉ができるまでになり、十日一割（トイチ）から一月一割（ツキイチ）に金利を下げてもらいました。それでも金利だけで月五十万円を返済しなければなりません。切羽詰まった私は国民生活金融公庫に出向き、新規事業立ち上げのために五百万円を借りる申請をしました。公務員時代に教わった文書作成技術を駆使して作成した渾身の申請書に一縷の望みを託しました。しかし、無収入の身となった私に融資が下りることはありませんでした。現実を突き付けられて、私を助けてくれる金融業者はもはや闇金しかないのだと思い知らされました。

収入を得るあてもなく、八方塞がりの毎日を過ごすある日、連帯保証人になるはずだった母親に、金融公庫で融資が下りなかったことを伝えに行きました。母親は私に「地に足の着いた生活をしてほしい」「もっと質素な生活をするように」と忠告しました。母親にそんなことを言われた私は「貧しい生活に戻るくらいなら死んだ方がましだ」と泣きながら訴えました。闇金業者に借金をしているにも拘らず高級車に乗り、賃料の高いマンションで暮らす私に母親が忠告をするのは当然です。

生活を安定させるには収入を最大化するか、支出を最小限にするしかありません。母親とひとしきり話をしてから、私は家を飛び出しました。車を走らせながら、いっそのことほんとうに死んでしまえば楽なのかもしれないと思いました。そもそも私に期待する人などいないのだから、私が死んだところで誰の迷惑にもならないだろう。そこまで考えて、私が死ぬと困る男がいることを思い出しました。それは闇金業者の取り立て屋です。彼に電話をして、私が死んだらどれほど困るかと尋ねると、金主（出資者）に命を取られかねないという答えが返ってきました。私はそれを聞いて、「やっぱりお金は返そう。仮に死ぬにしても、借金を返済してからにしよう」と思い直しました。そこで私は彼に、明日から先二ヵ月は電話での催促を遠慮してほしいと頼みました。その代わりに、二ヵ月後には金利とともに借金全額を一括で返済することを約束しました。普通に考えたら、闇金業者にお金を借りにくる顧客など信用に値しないでしょう。その男は私の言葉をどう受け取ったのか今となっては知る由もありませんが、「（私を）信じて待つ」と言ってくれました。取り立て屋に話をつけたとはいえ、その先の収入を得るあてはありません。翌日から、手当たり次第にプログラマー仲間に電話をして、仕事がないかを尋ね、自分が身に付けてきた技術を最大限売り込みました。二週間後、あるプログラマーから、どうしてもうまく作動しないプログラムがあって困っているから助けてほしいという電話がありました。プログラムが正しく作動するように修正してくれたら二千万円の報酬を支払うと言うのです。

私は二つ返事でこの仕事を請け負うことにしました。依頼を受けてから一ヵ月で作業は完了しました。依頼されたプログラムの他に便利なプログラムも添えて納品をしたところ、二千二百万円を支払ってくれました。さっそく私は金利を含む七百五十万円の借金を闇金業者に返済し、滞納している家賃その他諸々の支払いも済ませ、手元には七百五十万円が残りました。

私は手元にお金があると使ってしまうので、知り合いの田中伸悟（現エコリング副社長。以下、伸悟）に預けました。そしてこの先の人生をどうするか考えました。

郵政省を退職してからすでに二年ほどが経過していました。私はこの二年間で、自分の収入源となった仕事を一つずつ書き出しました。コンピュータープログラムは一度に入ってくる金額は大きいですが、生活が不安定なことは解消されません。コンスタントに収入を得られる仕事はないかと考えたところ、自分の身の回りにあるものをヤフーオークション（以下、ヤフオク）で販売していた頃の売上が最も多かったことを思い出しました。しかし、ヤフオクに出品しようにも手元に家財がほとんど残っていません。それならば仕入れたものを売るとどうなるだろう。質屋で消費税分を値引いてもらった金額で仕入れた商品を試しに出品してみました。消費税分くらいは儲かるかと思いきや、それを上回る利益が出ました。このとき私は「商売になるかもしれない」と確信しました。そこで、お金を預けている伸悟に「一緒に商売をしないか」と持ち掛けてみました。そういえば、彼が中学を卒業してから京都の料亭で修行していたという話を聞いたことがあります。七百五十万円の資金で彼の飲食店を開業するか、私がヤフオク売買で学んだ古物屋をするか相談したところ、彼は迷うことなく「桑田さんのお金を使うのだから古物屋でしょう」と答えました。それからは、毎回私が質屋で五十万円分の商品を買い付けて、ヤフオクで販売した売上金を彼に預けることを繰り返しました。

あるとき友人が私に、ヤフオクで売ってほしいと言ってシャネルのバッグを持ってきました。今で言う代理出品です。その頃の私はまだ商品を鑑定する技術を身に付けていませんでしたので、質屋に商品を持ち込んで真贋と買値を探りました。無愛想な質屋の主人は、バッグは本物で買取価格は二万円だと言いました。このことをすぐに依頼主に知らせ、バッグの下取価格（二万円）以上の値が付いたら、落札価格から下取価格を差し引いた金額を二人で等分することに決めました。そのバッグは七七〇〇〇円で売れて、依頼主の取り分は四八五〇〇円、私の取り分は二八五〇〇円となりました。

質屋の主人は、いつ来るともわからないお客を、日がなソファーに座って待っているだけです。あの質屋にバッグを持ち込んだとしてもたかだか二万円にしかなりません。しかし私がヤフオクに出品をすると瞬時に買手が付き、質屋で売る以上の金額を得ることができました。私はこれまで質屋から商品を買い取って市場で売っていましたが、これからは一般市民から商品を買い取ってネットで販売する方が経営効率は上がると直感しました。

こうして私はブランド品買取専門店のビジネスモデルの構築に着手し、エコリングの前身会社を立ち上げることになるのです。

起業

一号店立ち上げ構想

二〇〇二年二月、三十二歳で起業した私は、ブランド品を買い取る事業を思いつき、さっそく、周辺（リサイクル業界、質屋業界）の情報を集めることにしました。

質屋業界の開業件数は年々減少の一途を辿っているのに対し、リサイクル業界では増加傾向にあることがわかりました。両者は古物を扱う点では共通ですが、お客様の持つイメージによると、質屋はお金を借りるところ、リサイクルショップは古物を売買するところです。そう考えると両者は根本的に用途が違います。しかし、実際にリサイクルショップでブランド品を扱おうとすると、業態は質屋と同じになってしまいます。さらに深く調べてみると、当時、大型ブランドリサイクル店はありませんでしたが、中小規模でブランド品を扱う委託販売の業者は多数存在していることがわかりました。こうした事前調査を経て、私はブランドリサイクルショップ開業に焦点を絞りました。

ブランド品を扱う洒落たリサイクルブティックを開店させるには、商品を集めるだけでも最低五千万円は必要だと予測しました。しかしそんな大金はどこにもありません。そこで観点を変えて、開業してから徐々に陳列する商品を増やしていけば、いつかは、夢に描くリサイクルブティックになるはずだと考えました。差し当たって買取窓口の開設を目指すことにしました。窓口だけなら、カウンターさえあれば事足ります。内装工事費もそれほど嵩みません。潔くそう決めたことで立地戦略も変わってきました。店頭に商品を陳列し、販売することを考えると、銀座界隈の目抜き通りに出店するのが理想的ではありますが、果たしてお客様が、わざわざ電車に乗って銀座界隈まで多くの商品を持って来るでしょうか。家の近くにある店舗の方が便利ですし、きっとそこへ商品を持ち込むはずです。

かつて「タウンページ」という職業別電話帳が一家に一冊配布されていたことがあります。その広告掲載募集記事の中に、あるアンケート結果がありました。それによると、リサイクルショップ利用の動機の一位に「タウンページで知った」とありました。二位は「(そのリサイクルショップが)自宅の近くにあったから」。エコリングはまだ創業もしておらず、先も読めない状態でしたから、タウンページへの広告掲載は諦めましたが、二番目の利用動機は私にも実現できそうな気がしました。これを実現するには、「買う」のは繁華街、「売る」のは自宅の近くというコンセプトにすればよいと思いました。実際のところ、銀座のように地代が高く人通りの多い繁華街に出店するのは、当時の資本では到底不可能です。売場立地の優先順位を下げて、買取立地を優先させれば、高額な資本を用意する必要はなくなります。そうすれば、賃料を安価に抑えることができます。

次に、店の顔となる窓口をどんなふうに設えるかを考えました。当時の質屋の窓口の大半は、お客様のプライバシーを保護することを優先していたので、入口の扉はマジックミラーになっていました。当然、外から店内の様子は見えません。お客様にしてみれば、質屋に行くだけでも抵抗があるでしょうに、店の外観がそんな様子では余計に入りにくい。勇気を出して扉を開けたと思ったら、お世辞にも座り心地が良いとはいえないベンチが一脚ぽつんと置かれた味気ないスペースがあるだけです。お客様が怖々品物を差し出すと、アクリル板で仕切られたカウンター越しにスタッフが「それで、いくらお金が必要なの？」などと高圧的な態度で買取金額を値切ってくる。私は、こうした一般的な質屋のマイナスイメージを一つずつ書き出して、それとは正反対のキーワードを挙げて新しい店のコンセプト作りに取り掛かりました。

新店舗にはマジックミラーを付けずに、外から店内が見えるようにする。エコロジー（家にある余分なものを捨てるのではなく、リサイクルする）に賛同する人達の集まる場所。一見するとカフェのようで、順番待ちのお客様がゆったりと過ごすことができる店をイメージしました。そして、この店では、お客様に圧迫感を与えるような態度や、上からものを言うようなことは絶対にしないと心に誓いました。

スタッフの誠意ある対応で質屋のマイナスイメージを払拭しても、肝心の買取金額にお客様ががっかりするようでは効果半減です。お客様の期待と買取金額にずれが生じないように、広告にはあらかじめ買取価格（買取約束金額）を記載することにしました。当時は、買取価格を表示する会社は我が社以外にはなかったと思います。後に画期的な広告としてセミナー会社が取り上げて、他社もこの表示を採用するようになりました。今ではその表示手法が一般的になり、買取価格を見て店舗に足を運ぶお客様は、快く商品を売りに出してくれていることでしょう。

徐々に新店舗のコンセプトを固めながら、エコロジーの輪（環）を広げていけば、世の中のいろいろなモノの価値を発見できるかもしれないと、おぼろげながら思うようになりました。社名の候補はいくつかありましたが、その頃には「エコリング」にしようと決めていました。

開業資金として運用できる金額は、借金の返済等をした後に残った七百五十万円。そこから、店舗借上にかかる費用、広告費、内装費、設備費、運転資金などを捻出しなければなりません。店舗を立ち上げだけですでに六百万円を費やしてしまったため、買取に充てる資金は百五十万円しか残っていません。チラシは作成しましたが、新聞の折込みに充てるほど資金の余裕はなく、たいへん悔しい思いをしました。

古物申請許可が下りるまでには二ヵ月かかります。それを見越して営業開始前から物件を押さえているため、二ヵ月分の空家賃を払わなければなりません。開業する日を心待ちにする一方で、資金が減っていく焦りも感じていました。買取資金百五十万円。チラシ広告二万枚のうちポスティングで二千枚配布。ポスティングは伸悟に頼みました。開業前日は友人もポスティングを手伝ってくれて、開業前にできる限りの準備は済ませました。

すべてが未経験で、たび重なる不測の事態に見舞われながら、私はエコリング一号店開業の日を待っていました。

エコリング一号店（姫路店）開業

二〇〇二年九月、エコリングは姫路市琴岡町《ことおかちょう》で一号店を開店することになりました。開店初日十一時。お客様第一号は年配の男性でした。彼は、一見して若者のものと思われる古着を両手いっぱいに抱えて店に入ってくるなり「息子が死んだ。遺品整理だ」と言いました。精算が済んで店を後にした彼は、再びさきほどとほぼ同じ量の古着を持ってやってきました。私は彼に「そんなに急いで来なくても大丈夫ですよ」と伝えましたが、その後、もう一回古着を持ってきました。三回目の買取が済むと、彼は「こんなモノを買う店はすぐに閉店するだろうから急いで持ってきた。あなたもこんな会社でアルバイトしていたら、この先苦労するよ」と言って去っていきました。彼は私がこの会社の経営者だとは思わなかったのでしょう。あえて自分が店主であることも伝えませんでした。

私は、その男性から買い取った古着で利益を上げる自信はありましたが、彼にしてみればエコリングなどという無名の会社を利用するのは初めてでしょうし、人が不要だと思うものを買い取るとはおかしな商売だと思ったに違いありません。

そこで私は、次に来店するお客様が持ち込む商品が、通常は買い取れないようなものであったとしても、「オープン間もない店ですから、頑張って買い取ります」という一言を意識的に添えて買い取るようにしました。そうすることで、来店するすべてのお客様にインパクトを与えることができるからです。

開業したてで実績のないエコリングには、お客様との信頼関係がないのは仕方が無いことです。そこで、いかにもチェーン展開しているかのように見せるために、看板と名刺には「エコリング姫路店」と記しました。こうすれば、お客様の目には、桑田一成なる者は、エコリングがチェーン展開している姫路店の店長であるかのように映るはずです。自分から経営者であることを名乗ることはしませんでしたが、お客様に質問されたときには正直に答えました。幸か不幸か、私自身について疑問を持つお客様がいなかったため、役職について質問をされることはほとんどありませんでした。そのおかげで、私が作り上げたイメージはお客様にそのまま伝わったのでしょう。数年後に多店舗展開をした後に、常連のお客様が私のことをなんの疑いもなく店長だと思い込んでいたと知ったときには、私のイメージ構築が奏功したと思いました。

当時、私は社内でも「店長」と呼ばれていましたので、創業メンバーには未だに「店長」と声を掛けられることもあります。

オープン初日の買取金額は三十万円、二日目は五十万円、三日目は七十万円。わずか三日で買取資金が底を突きました。初日は水曜日だったので土日も営業するつもりでいましたが、買取資金不足のためやむなく休業しました。

折しも九月半ばの水曜日は、姫路市近郊の至るところで祭りが開催されます。開店したての店が週末に休業したのでは殿様商売だと言われかねないと思いながらも、祭りを口実に臨時休業にしました。表向きは休業ですが、バックヤードでは寝る間を惜しんでヤフオクに出品して買取資金の回収を急ぎました。一刻も早くヤフオクで売買をしなければ、月曜日に再び店を開けることができないからです。

ヤフオクで売買をするいちばんの目的は、利益を得ることよりも実店舗で営業するための運転資金の即時回収ですから、オークションは一円スタート、最低落札金額設定なしとしました。開業したばかりなうえに自転車操業の私たちにしてみれば、一円スタートのオークションはあまりにも無謀な売買です。ヤフオク開業六ヵ月にして一円スタートで参入した我が社のことは、社名こそ公表されませんでしたが、新聞各紙でその販売方法が取り上げられました。それ以来十六年間ヤフオクで販売を行っていますが、一円スタートのオークションに出品する商品数のうち九七％までは相場に達し、赤字にならないのは、おそらく我が社くらいだったと思います。

ヤフオクで高速に販売できる仕組み、ブランド買取専門店という新しいマーケットカテゴリ（後に「ブルーオーシャン」と呼ばれるマーケット）を生み出したかのような感覚、資金の流れや資金回収の速さなど、私にとっては、どれもが商売の金脈でした。今後の人生において、これほど貴重な金脈は手に入らないだろうと思いました。しかもこの商売は、古物が存在する限り果てしなく拡大する予感がありましたから、エコリングが規模を拡大するであろうことは、創業当時からはっきりと思い描くことができました。

種明かしをすると、のちに確立するエコリングのビジネスモデルは偶然の産物です。必死に考えて苦し紛れに打った策が時間とともにビジネスモデルに成長していったのです。

開店初日から一週間ほどすると、チラシの広告効果が薄れてきました。なかなかお客様はやってきません。興味半分でふらっと店に入ってきたお客様が「何をする店？」「買い取った商品はどこに売るの？」などと二、三質問をしてすぐに帰ってしまいます。せっかく店舗内が見える外観にしたのに、品物を持ち込むお客様が一人もいないのでは、いかにも流行っていない店という印象を与えてしまいます。出店した立地は、国道二号線に面していて、信号待ちの車からは、来店客の有無が一目瞭然です。ただでさえ説明を要する商売ですから、店内に人の気配がなければ余計に入りにくくなってしまいます。手元にある一万八千枚のチラシを配りたいのはやまやまですが、お客様が店に殺到すると、ヤフオク出品の時間が確保できなくなってしまいます。そんなことになれば買取資金も作れなくなり、商売自体が立ち行かなくなります。なんとかしてこの悪循環から脱しなければなりません。

来店客数が少なくても繁盛しているように見せるにはどうすればよいか。私は、この状況を逆手にとって、貴重なお客様にできるだけ長く店に居てもらうように努めました。一日の来店客数が少なくても、誰かしらお客様が店先に居てくれれば、店が繁盛しているかのように見せることはできます。あの手この手で楽しく会話をして、用件を済ませたお客様がすぐに帰ってしまわないように引き止めました。店の営業時間は八時間。お客様一人あたり二時間繋ぎ止めることができれば、一日四人の来店客数でもなんとかなります。開店からしばらくはこの作戦で凌ぎました。

こうしてひとたび動き出したエコリングは、世の中のニーズを捉えたら最後、潰れるまでその期待に応えなければなりません。このことに気づいてからは、資金枯渇とそれを埋めるために不眠不休の日々を送りました。

買取資金不足は在庫回転の遅滞が原因です。在庫回転速度が上がれば運転資金はそれほどかかりません。そこで、資金不足を解消するために、買い取った商品をひたすら売ることに注力しました。

昼間は店頭でお客様の対応と入金管理に専念し、営業時間が終了するとヤフオクに出品。一日の稼働時間は十六時間ですが、それだけで一日が終わってしまいます。開店から一ヵ月が経とうとしていた頃、今のペースのまま仕事を続ければ、私はいつか倒れてしまうと思い、ようやくアルバイトの手を借りることを考えました。しかし、アルバイトを雇うにしてもその根拠がありません。アルバイト人員には、いったい何をしてもらえば私の仕事の効率が最大限上がるのか。それを探るために、私自身の仕事について調査をしてみました。調査といってもごく単純で、十六時間の稼働時間の内訳（どんな作業に何時間かかったか）を記録するだけです。各作業のうち通算して六時間かかった作業があれば、それをアルバイト人員に八時間かけてやってもらおうと考えました。そうすれば、私は空いた六時間で事業を拡大することができます。この方法で人員を一人ずつ採用していくことにしました。現在のエコリングの基本組織構造は、この時期に一気に構築したものです。

創業当初の労働経験があったことは、後に大いに役立ちました。事業が拡大して、収益性や時間的な効率が悪くなっても、どこを修正すればよいかが即座にわかり、早めに対処することができました。また、数字を見るだけで、怠惰な社員の把握もできました。他の誰でもない私がすべて把握していますので、部署長が「これ以上できません」などと言い訳をすることもできなくなりました。彼らには気の毒な話かもしれませんが、自然と言い訳ができない環境になっていたと思います。

実際に私の仕事の内訳を分析してみると、ヤフオクでは購入者へのメール対応と商品の梱包、店頭では接客を含む商品の鑑定が大半を占めていることがわかりました。相変わらず広告に多くの費用を充てることができないので、ハローワークと店先の電柱を活用して、梱包と鑑定士見習い人員を募集しました。数日後、ハローワークの求人を見た江頭浩一と、電柱の貼り紙を見た平井佳美が応募してきたので、二人とも採用しました。時給八〇〇円のアルバイトに始まり、後に江頭は香港支社長、平井は人事総務担当常務取締役になりました。経費ゼロの求人で奇跡的に採用することができた逸材です。

エコリングは、開店当初から他店が買わないモノ（お客様が今まで捨てていたようなモノ）を買い続けたので、わずか二千枚のチラシをポスティングしただけで、店に入りきらないほどのお客様が集まりました。おそらくそうした人たちの手元には、手放したいと思いながらも手放せずにいるブランド品や衣類がたくさんあるはずです。大枚はたいて買ったブランド品を捨てるのはもったいない。まだ使えるかもしれない。たとえ少額でも換金できればという思いで店舗に持ち込んだのだと思います。エコリングは近隣の質屋に比べると資金力では劣るため、彼らと同様のものを買い取れば、価格競争で負けてしまいます（実際に全敗でした）。そのため、高額商品を持ち込むお客様には、近隣の質屋を案内したり、紹介したりしました。負け試合には参加しない、そうした潔さも功を奏したのかもしれません。

　私が手に入れた金脈をどんなふうに拡大させて世の中で役立てるかは私の腕次第です。どのように準備をして、どんな組織体制でエコリングの事業規模を拡大させるのか。私は、あらゆる角度から分析したデータを駆使して、拡大のタイミングを窺っていました。

創業の想い

姫路で一号店を開業して以来、次々と来店するお客様が持ち込む商品の中には、初めて見るもの、しかものちにエコリングの経営理念に大きく影響を与えることになる商品もありました。

創業間もない頃に、私はあるバッグの査定をしました。それは、シーライオン（トド）の革でできた、緑色のノーブランドのバッグでした。我が社はブランド品買取専門店ですから、相場のないノーブランドの取扱いは得意ではありませんでした。お客様にはその旨を説明して、商品の買取をお断りしました。シーライオンの皮革製品の相場がわからないことも正直にお伝えしました。お客様は、どの店舗にその商品を持ち込んでも買い取ってもらえなかったようで、どんなに安くても構わないから、買取金額を教えほしいと言いました。そこまで言われたのでは、手ぶらでお引き取りいただくわけにもいかず、査定額を「五千円」と伝えました。五千円くらいであれば、仮に市場で売れなかったとしても経営には影響ありません。むしろ、お客様が買取の話を取り下げてくれることを期待して、提示金額を五千円としました。ところが、お客様は「捨てるくらいなら誰かに使ってほしい」と言うので、意に反して買取が成立してしまいました。

ヤフオクにその商品を出品してみたところ、五万円もの値段で落札され、売買成立しました。私はその金額に驚くとともに、あのバッグを持ち込んだお客様にたいへん申し訳ない気持ちになりました。

この一件があった直後に、偶然にも私の知り合いの先輩社長が、姫路店に遊びにきたので、その一部始終を彼に話しました。私はそのお客様に差額を返金しようと思い、受話器に手をかけた瞬間、彼は私に「商売人は、一旦飲み込んだお金は、吐き出さないのが基本だ」と手厳しい言葉を発しました。「吐き出さない」とは「返金しない」ことを意味します。その場で口論になりました。私は、自分がしようとしたこと（差額の返金）が商売人として間違っているとはまったく思っていませんでした。利益が出すぎたのは、査定が適切ではなかったからです。このバッグを適切な金額で買い取っていれば、ここまで大きな差額は出なかったはずです。実際には、査定金額とヤフオクでの落札金額に大きな開きがあったため、その差額が我が社に入ってしまったのです。お客様が受け取るはずの金額が我が社に入ってしまったと考えると、両者の関係が対等ではないように思えてなりませんでした。

先輩社長は「そんなこと（差額返金）をしていたら、いつまで経っても会社は儲からない。儲かったり損をしたりの積み重ねが商売だよ。損をしたからといってお客に追加請求はしないだろう？　だから、儲けすぎたからといって返金する必要もないんだよ」とも言いました。彼は経営の先輩ですから、ここに至るまでにいろいろな経験をしているからこそ、私に苦言も呈するのでしょう。彼の言葉に納得はできませんでしたが、ヤフオクで得た利益をそのまま受け取ることで一旦事を収めました。翌日になっても私の気持ちは晴れませんでした。しかし、その一件で大きな気づきがありました。そもそも私の勉強不足が元で起こったことです。次回、同様の商品が持ち込まれたときには、適正な価格で買い取ろうと気持ちを新たにしました。今まで以上に相場と鑑定を勉強することで、今回のように後悔の念が残る取引は二度とするまいと思いました。

今回の一件があったことで、新しいアイデアも浮かびました。その頃は、商品にナンバリングをしてエクセル上で商品管理をしていましたが、限りなくアナログで、全商品の詳細までは管理できていませんでした。今後、シーライオンのバッグの件と類似するできごとがあったとしても、なんらかの方法でその記録を残さない限り風化してしまいます。私は、すべての商品の管理をシステム化することを思いつきました。どんなシステムを構築すればよいかを、図に書いてシミュレーションをしました。どのくらいの商品数を集めればそれらをシステム化することができるかも試算しました。物量に対する費用対効果や、システムによって圧縮できる人件費など、必要な項目を挙げて大まかに計算すると、約千五百万から二千五百万円の投資が必要であることがわかりました。実際にそのシステムを導入するのは、年商約三億円に達した時点だろうと判断しました。

それ以後、お客様から買い取った商品から得た利益が、我々の想定を上回ったときには、差額を還元するシステムも編み出しました。それを実施するには、経営が安定していなければなりません。長期的な目標として、年商五十億円に達した時点で、システム開発費に約五千万円を投じて、まだ世の中には存在しないサービスを生み出そうと決めました。システムが稼働し始めれば、お客様に差額を還元することもできるようになりますし、利益を上げることに対する後ろめたさも感じずに済みます。先輩経営者に言われた「商売人は、一旦飲み込んだお金は吐き出さない」という考え方を超越する仕組み（利益還元を前提にした買取り）を作ってしまえば、彼を納得させることもできるだろうし、社内で物議を醸すこともないと思いました。ここまですれば、利益を上げることのできる商売人だと堂々と胸を張って言うことができます。

寝る間も惜しんで仕事に励むことができたのは、こうした構想があったからです。

エコリングは「ありがとう還元システム」という名称で、実際にお客様に返金をしています。今では年間約一億円を返金して、お客様にもたいへん喜ばれています。

思考

自社とマーケットの位置関係と戦略

ブランドリサイクルマーケットに新規参入したとはいえ、エコリングは小さな会社です。マーケットの中心に位置するのはもちろん大企業です。大企業はマーケットの中心で他の企業をリードしながら、折を見て、自分の手でマーケットを動かすことも可能です（**図1**）。大企業に振り回されて右往左往しなくても済むようになるには、エコリングも他社に負けないくらい大きな会社になればよい。エコリングは、マーケットの中にいるといっても中心からは遠く離れています（**図2**）。マーケット内にかろうじて一歩入っているくらいの位置にいたのでは、マーケットを動かすことなど到底できないばかりか、向かう先の見当さえつきません。マーケットの流れがエコリングにとって有利になるように先導するか、事業は拡大せずに無借金で経営するか、フランチャイズ方式で拡大させて、初期段階から知名度だけを上げるか、などとあらゆる手段を検討しましたが、どれも厖大な費用を要するため実現するのは難しいです。それならば、せめて自分が参入しているマーケッ

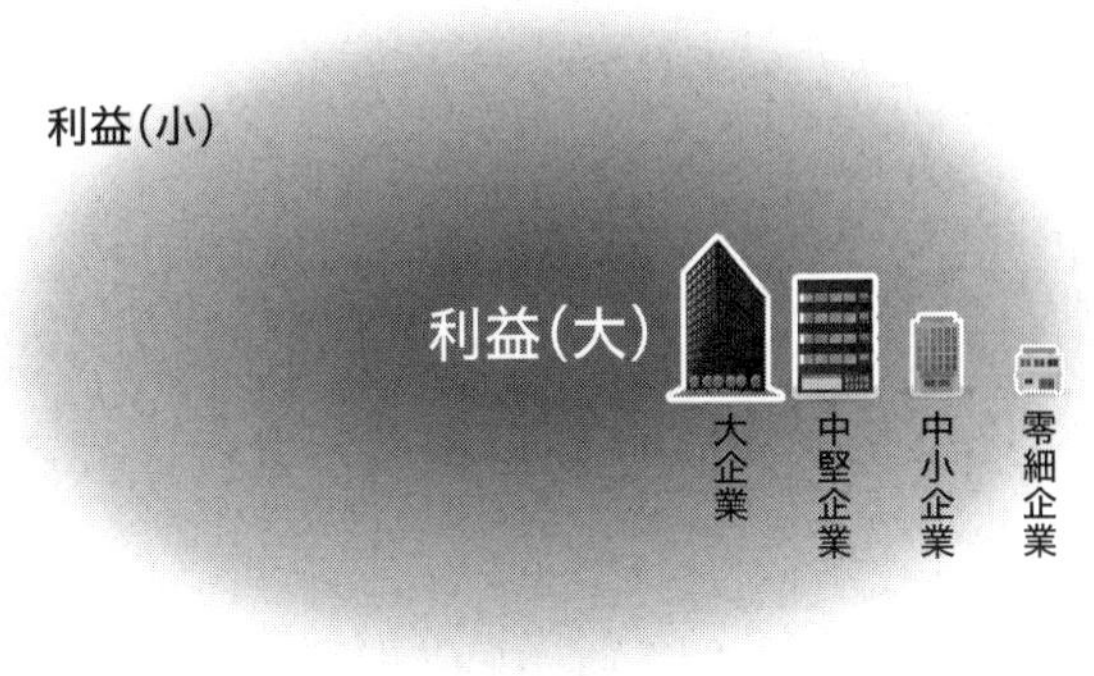

図1　自社の規模によるマーケットとの関連性

図2　マーケットと自社の関連性

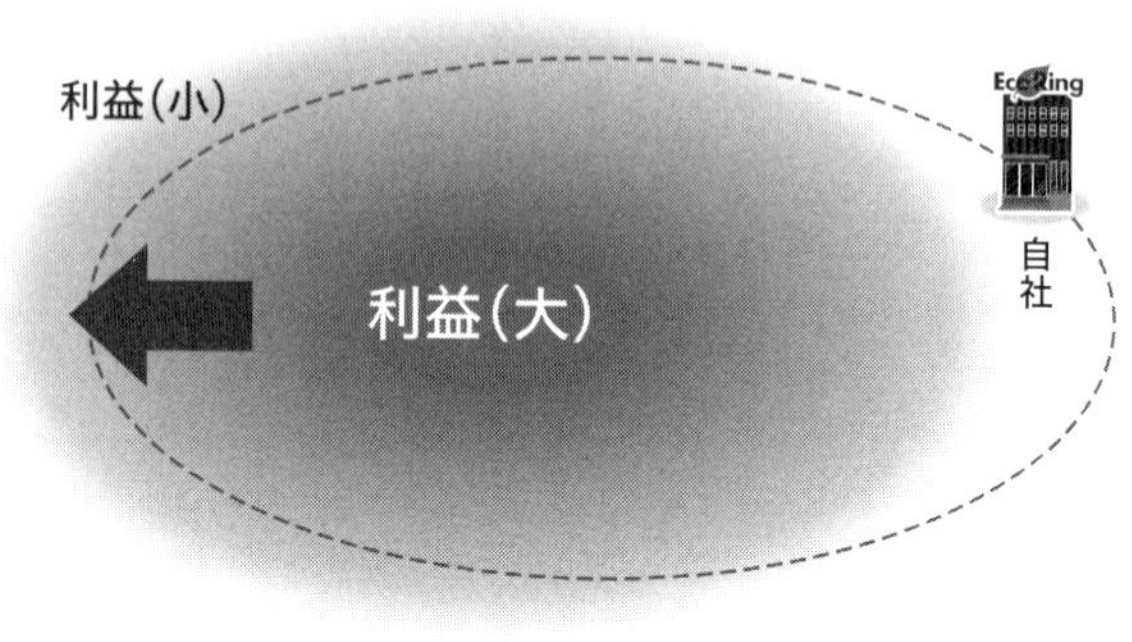

図3　マーケットが動くと取り残される

トから弾き出されないようにするにはどうすればよいかを考えました。

自社が成長しようがしまいがマーケットは動きます。商売をするうえで少しでも立ち止まれば会社は潰れることを頭に叩き込みました（図3）。

自分の会社がマーケットの外周の内側に位置していたとしても、ほんの一瞬立ち止まっている間にマーケットが少しでも動けば、一円も利益が出なくなってしまいます。3Dコンテンツを販売したときは、マーケットが急激に動くときもあれば、マーケットの動きが緩やかすぎて一ヵ所で停滞しているように錯覚することもありました。マーケットの動き如何で売上は変わります。マーケットが動いているか否かは、当月の売上利益が前年度同月対比売上利益や前月対比売上とイコールではないことでわかります。実際に、一円の誤差もなく昨年度対比が同一であったり、売上も利益も先月と同じになる会社はほとんどないはずです。マーケットは常に有機的に動いていて、自分の思惑どおりに操作することはできないのだと意識をして商売をしていれば、マーケットの中心部に位置することができない会社は、マーケットから弾き出されていずれ潰れるという理屈は、経営者ならば誰もが納得できるはずです。

なんとかしてマーケット内に踏み留まるためにはどうすればよいか。マーケットが少々動いても、利益を生み出せる規模にまで会社を拡大させることです（図4）。自分の会社が、マーケットの輪郭周辺に位置する中小零細企業だったとしても、事業を拡大することによって、多少マーケットが動いて収益が下がったとしても、マーケットと自社の共通項がゼロにならないようにコントロールさえできれば、そのマーケットで生き残る可能性はあります。マーケットの動きに合わせて自社の動きを整えていく（イノベーションする）時

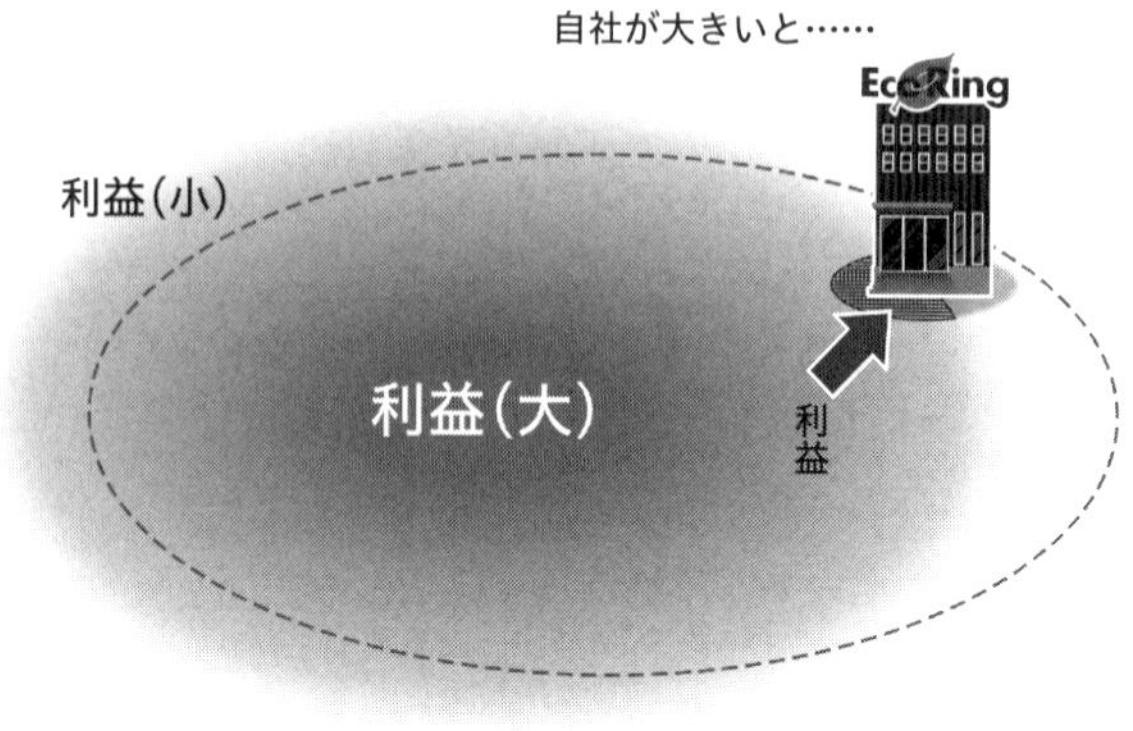

図4　マーケットは動く

間的余裕があるかどうかが、実際にマーケット内に踏み留まることができるか否かの分かれ目です。マーケットの動きに着いていけない会社の行きつく先は倒産か破綻です。策を講じる時間さえあればその準備ができます。しかし、その時間さえないのでは、会社が潰れるのを指をくわえて見ているよりほかありません。

会社は潰れる

経営に関する知識と習熟が不足していることに気づいてからの私は、徹底的に本を読み漁りました。闇金屋に追い込みをかけられていた頃の私は生活もままならず、一冊の本さえ買うこともできませんでした。本を読みたければ、書店で立ち読みをするしかありません。今はいくらでも本を買えるようになりましたが、今度は読む時間がありません。かつて書店で立ち読みをしていた頃に身に付けた、速読術がのちになって役に立とうとは思いもしませんでした。

たくさんの本を読むうちに、自分にも、絶対に潰れない会社を作ることができるのではないかと思うようになりました。そして、そういう会社には共通するパターンがあるはずだと考えました。私の知人で、会社を潰してしまった経験を持つ社長からも話を聞く機会がありました。彼は、年商約十億円規模まで会社を拡大した頃、自分の会社の近くにある喫茶店を見て、「『こんな小さな喫茶店を一生賭けてやり続けることが、店主にとってどれほどの意味があるのだろうか?』『もっと店を大きくすれば良いのに』などと思うことがあったし、店主を見下す気持ちもあった。しかし、自分の会社が潰れて初めて、小さくても潰れていない会社（店）こそが盤石なのだと気づいた」と自省をしながら語っていました。それを聞いて私は、会社の意義は規模の大小ではなく、安定と永続にあるのだと思いました。

私が子供の頃から知っている、ある街角のたばこ屋で店番をするご婦人にはこんな質問をしたことがあります。「おばあちゃんは、私が中学校の頃からここに座っているけど、経営の本とか読んだことあるの?」と。彼女は「私は、そんな難しい本を読んだことはないけど、こうしてずっと店番を続けていられるのは、今まで一度も借金をしていないのと、人に迷惑をかけないように心掛けてきたからですよ」と言いました。無借金経営ができている会社は、経営の勉強などしていなくても永続するのです。私がセミナーを受講したり、本を読んだりするのは、自由度が奪われた中でも効率よく経営をするためであり、物心共に安定して、社員を幸せにするためです。しかし、借金とその返済を繰り返していると気づいたときに、借金を返済するために社員を働かせているのではないかと思うようになりました。

私は、潰れる会社の共通点は借金だと思いました。

たとえば、売上一〇に対して借金が三の会社は、売上が半分（五）になったからといって借金は三のままです。売上が三になったら、借金と同じ比率ですから債務超過に陥ります。売上に対する借金の比率を上げないようにするためには、売上目標を必ず達成しなければなりません。この比率を維持することができなくなると、薄利多売と会社の収益力低下が悪循環を引き起こし、最終的に会社は破綻します。

エコリング創業当初の私は、銀行に信用されるようになったことに有頂天になっていたかもしれません。信用されているからといって慢性的に借金を繰り返せば、エコリングもいずれ破綻すると思うようになりました。

売上が下がろうとも無借金ならば、銀行が融資を終了させることはありませんから、自社が破綻することもありません。会社の収支は、「（売上－変動費）－固定費＝利益」という計算式で算出することができます。そのため、利益を拡大させるためには、粗利を拡大させるか、支出を縮小させるかのいずれかです。売上の比率が下がると債務超過になるほどの借金がある場合は、変動費、固定費を削減するか、新たにビジネスモデルを作るより方法がありません。会社が無借金ならば、売上をコントロールすることもできますし、固定費と変動費を必要以上に削減することもありません。無借金経営の自由度の上限を一〇〇とするならば、借金をしながら経営する会社の自由度はその半分しかありません。借金に縛られることなく利益の増減だけに集中できるまでに会社を成長させるか、半分の自由度しかない会社で、存亡の危機にさらされるかは経営者次第です。

マーケット環境が良いときは、借金を重ねていても企業は拡大するかもしれませんが、それは一時的なことです。借金が常態化しないように日頃から努力をして、回収時期を明確にしたうえで計画的に返済をしなければなりません。返済期限までに滞りなく返済すればそれで良いと考える経営者もいるようですが、営業キャッシュフロー上、資金が足りなくなったら追加の借換えの借金が発生するため、返済は予定どおりにはいかないものと思っていた方がよいです。

たとえば、ＰＬ上の決算書では、一億円の黒字で、キャッシュフロー（ＢＳ）上の利益が五千万円だったとします。仮に借入の返済額を年間三千万円とした場合、一見、難なく返済できそうですが、これに税金が加算されます。一億円の黒字に対して、日本では約四〇％（法人税、地方税などを含む）が課税されますから、その金額は四千万円。翌年の予定納税が二〇％（約二千万円）。以上を合計すると六千万円です。税金は現金払いなので、キャッシュフロー上で五千万円の現金収入があったとしても、すでに一千万円の資金が不足しています。こうなると、経営者は再び銀行に一千万円の借入を申し込みます。この時点で年三千万円の返済をしなければならないのに、一千万円の借入を追加するとして、実際に返済できるのは二千万円です。利益が一億円上がったぶんを賞与として支給すれば、キャッシュフローはさらに悪くなります。賞与ならまだしも、同じ金額で社長が高級外国車でも買おうものなら、キャッシュフロー上の赤字はさらに膨らみます。したがって、黒字であっても油断はできません。ＰＬ上の黒字は、あくまでも決算上の数字です。社員の生活を維持するためには、キャッシュフロー上の金額で判断しなければなりません。

私にとってＰＬ上の決算書は、経営判断をするために数値化したもの（経営指標）にすぎません。経営の本質はＢＳ上にあると考えています。ＰＬ上の利益の上にあぐらをかいて贅沢をする経営者をたくさん見てきましたが、そのほとんどは、借金の返済をできずにマーケットから撤退していきました。お金がうまく循環しているときは商売も順調ですが、一旦商売の業績が悪くなると、銀行は瞬く間に顧客から融資を引き揚げたり、借換えをしようにも承認が下りなくなったりします。利益が上がっているときこそ緊張感を持ち、生活も引き締めるようでなければ、資金不足の会社は破綻してしまいます。まして、社員は、自分が働いている会社が潰れるなどとは夢にも思わないはずです。社長は、生涯を賭けて彼らの期待に応えなければなりません。そのためには、社長は、自分一人で贅沢を独占するのではなく、できるだけ安定した会社を創り出すことに専念すべきです。

ただし、予想よりも収益が上がったからといって、前倒しで借金を返済することが良いとは限りません。前述のように、銀行は自分の会社の株主的な存在だと考えると、完済時期が繰り上がったら、銀行は金利を得る機会が減ってしまいます。銀行にも事業計画があるでしょうから、それに影響しないように、あくまでも約束は約束として、早期償還などせずに計画どおりに返済をします。

セミナー、会社破綻経験を持つ経営者や人生の先輩、書物などに総合的に鑑みた結果、私は無借金経営を目指すことにしました。とはいえ、無借金経営を死守しても来店客数を確保できなければ会社は潰れます。お客様には永続的にエコリングを選んでもらわなければなりません。ここまでして会社を潰さないための努力はぬかりなくやっているにも拘らず、潰れない会社のパターンは一向に見つかりません。これまでにパターンがなかったのであれば、独自のパターンを作ればよいではないかとも考えましたが、そう簡単に成し得ることではありません。私は視点を変えて、会社は間違いなく潰れるという前提で我が社を見直すことにしました。

規模拡大準備

エコリングを立ち上げてから、「商売の金脈を探り当てた」と思うことがありましたが、過去にも同じような経験をしたことがあります。それは、エコリングの前身である３Ｄコンテンツ販売会社でのことです。このときは、勢いよくスタートを切ったのに、最終的にどん底を経験することになりました。

エコリングも同じ道を辿るのではないかと不安になった私は、３Ｄコンテンツ会社の経営がうまくいかなかった理由を考えました。あのときの私は、目の前の仕事を捌くことに手一杯で、マーケットが動いていると感じる余裕がなく、一瞬にして同業他社が形勢を逆転したことがしばらくトラウマになっていました。仮にエコリングが、初めのうちは順調に業績を上げて、買取資金が足りなくなるほどたくさんの来店客に恵まれたとしても、いつか飽きられるのではないか。そうこうしているうちにエコリングを上回るビジネスモデルで我が社と同じマーケットに参入する会社も出てくるだろう。今はまだエコリングの知名度は低いので、他社と顧客を取り合うことはないかもしれないが、いずれ我が社を脅かすライバル企業が出現するだろう。そして、間違いなく資金力・企画力で逆転されるに違いないと、常にびくびくしていました。しかし、なんの手も講じずに恐れているだけでは、同じ過ちを繰り返すばかりです。心の中で大きな不安が渦巻きながらも、頭の中にはマーケットと我が社の関連性のイメージが徐々にできあがっていました。

我が社のマーケット上の位置関係は、先の**図1**から**図4**で示したとおりです。円（マーケット）の中心に行くほど利益を出しやすくなります。なぜなら、マーケットの中心にはそのマーケットを主導する大企業が存在するからです。大企業は、ブランディング戦略を容易に実現できる資金力を持っています。大企業のブランディングとは、業界全体のイメージの形成です。そのため、自社の持ち味を業界のイメージとして顧客に伝えることもできます。

すでにマーケットの中心に位置する企業は、必ずしも初めから大企業だったわけではありません。収益を上げ続けた結果が現在の規模なのです。

事業規模を拡大させることだけを追いかけすぎると、企業としての隙（弱点）が露呈します。その隙を狙って、他の大企業や中堅企業が参入してきます。一方で、どんな大企業にも必ず隙はあります。そこに中小零細企業、中堅企業の生き残る道があるのです。しかも、そのマーケットに位置するすべての企業は、マーケットをより発展させるための競争相手です。マーケット内の会社同士が競争することを「競争社会」などと呼び、そこではお客様を奪い合っているかのように捉えられています。しかし私が考える「競争」の意味は、そのマーケットのニーズにいち早くかつ大量に応えられることにあると思います。そして、それに完璧に応えることのできる会社こそが業界NO.1なのであって、単に同業他社から年商が一歩抜き出ただけの企業とは違います。また、大企業には利便性が備わっていますから、お客様から得る売上も利益も高いです。そう考えると、マーケットの外周に近づくにつれて収益性が下がることも納得できるはずです。

どの企業にも隙があると述べました。マーケットニーズに対して補完できていない部分が「隙」です。当時のエコリングをはじめとする零細企業はもちろん、中小企業、中堅企業、大企業に至るまで、細かな隙を埋めながら経営をすれば、マーケットそのものが限りなく完璧になるのです。

創業当初のエコリングは、マーケットにインパクトを与えることができない状況でも生き残るために、徐々にシェアを拡大することを考えました。

エコリングは、マーケットの中心から離れたところに新規参入しました。今思えば、マーケットの内側にさえ入っていなかった（圏外）かもしれません。世の中に「ぼろぼろ、くたくたのバッグ買います」「ちぎれたネックレス、片方だけのイヤリング、金、プラチナ買い取ります」などのキャッチフレーズが存在しない頃に、エコリングはそれを謳ったチラシを配り、そのインパクトに吸い寄せられたお客様が我が店舗に持ち込んだ商品は、新たなマーケットを生み出しました。貴金属といっても消耗していたり、欠陥があります。業界の誰もが手を付けない商品を、エコリングはあえて買い取りました。そして、再び商品として販売できるようにメンテナンスをしたり、デザインが古い貴金属は溶かしてインゴットにして再利用するという新しい商売を生み出すことで、新しいニーズを掘り当てたのです。どのマーケットでも相手にされない「買取りお断り」の商品を我が社が買うわけですから、マーケット内には競争相手がまったくいません。私がエコリングをマーケットの「圏外」もしくは「新たな」マーケットと言うのはそうした理由です。

しかしながら、既存のリユース業界に参入したと考えれば、エコリングのマーケットでの位置は限りなく外周寄りです。私が見つけた金脈に、世間や他社が気づくまでの間、エコリングはできる限り事業を拡大してシェアをとってやろう。彼らが参入する頃には、追随を許さないくらいの大企業になっていよう。それがエコリングにとっての最大の自衛策だと思いました。

組織化

二〇〇二年九月にエコリングを創業してから、翌年一月には伸悟が幹部として経営に参加。その後、伸悟の部下としてアルバイト三名を増員しました。相変わらず買取資金は枯渇気味でしたが組織化を進めました。伸悟は、発送、ネット出品用の画像撮影と鑑定を担当します。伸悟の部下三名のうち、平井が発送担当、女子高校生が発送担当補佐、江頭が鑑定士見習いとなりました。ヤフオク出品と、問い合わせや落札した人へのメール対応は私が担当しました。伸悟が参加したことで、私はようやくエコリングが組織になったと思いました。これを機会に、新年早々のミーティングで「今日からは、組織的に動きます」と宣言しました。スタッフ全員が、鳩が豆鉄砲を食ったような顔で私を見ていたのを今でも覚えています。エコリングを組織化するにあたり、情報伝達の方法を変更しました。

姫路店は二十坪ほどの小さな店舗です。バックヤードはわずか十坪です。私を含め五人が十坪のスペースに集まれば、自分以外の人の言動はつぶさに見てとれます。ある時、アルバイトの平井が私に、「店長、明日休んでもいいですか？」と言いました。組織化する前ならば私がすぐに対応していましたが、組織化を進めるにあたり、私自身が変わろうと思いました。それ以来、組織化前と同様に、私になにかを申し出るスタッフには努めて「上司（伸悟）に聞いてください」と言うようにしました。相手が直属の部下でない限り、私自身が指示を出すのは止めました。私は店長という立場上、スタッフを休ませてもよいかどうかの状況は把握しています。しかし、かつてのように私がすべての決済をしていたのでは、いつまでたってもエコリングは「組織」にならないと考えたのです。零細企業は、高額な給与や整備された就業環境などをスタッフに提供するのは難しいです。それ以外で上司ができることといえば、休暇を与えることくらいです。大手企業であれば定期的な昇給（級）も可能でしょうが、零細企業では、幹部はその効力を発揮することができません。情報伝達を系統化させてからは、それぞれが上司に相談することが日常的に行われるようになりました。

こうした権限移譲も非常に大切なことですが、それとともに気をつけたのは、組織化に伴うコミュニケーションの活性化です。情報伝達と権限移譲を確立させれば、それぞれの部下たちは、目の前の仕事に集中することができますが、その一方で、目の前の仕事以外には関心を持たなくなります。そんなことでは、せっかく組織的に機能する会社になったとしても、人間本来のパワーを発揮させることには繋がりません。

これは私の持論ですが、誰かのためになにかをすることで、人間本来のパワーを発揮できると考えます。組織化が進むと目先の仕事しか見えなくなり、人のために働くという意識は薄れ、生活の糧を得るだけのために働くようになります。マーケットのニーズに徹底的に答えていくことが商売だとすれば、所属する部署で働くだけで人の役に立っていることになります。エコリングの場合は、目先の仕事をしさえすればすべてが完結するわけではなく、他部署との連携、人との連携が必要です。しかも、他人から認められることは、その人が働く意欲を高めるためにとても大切です。モチベーションを維持するためには、組織化によって疎遠になった人間同士の繋がりを、意識的なコミュニケーションで取り戻していかなければならないのです。

会社は、意識的にコミュニケーション能力を向上させる方法、手法、ツールをそれぞれ提供し、どの角度からでも、社員の能力が発揮されるように努力しなければなりません。

創業当時の我が社は、みんなで一緒に昼食にピザを食べるなどしながら、コミュニケーションを図るようにしていました。今では、スカイプで通話をしたり、社内で手紙やメールを送ったりしながら、意欲的に取り組んでいます。さらに仕事上では、プロジェクトチームや委員会を作り、組織の横の繋がりを強化するように努めています。

組織化を進めると同時に、社内でのコミュニケーションを豊かにするバランス感覚が必要です。

コラム1　成長するか否かは自分次第

景気、不景気を作っているのはいったい誰でしょう。それはあなた自身です。不景気が理由で儲からないと思うなら、儲けが出るような努力をすればよい。そうしなければマーケットで生き残ることはできません。整備されていない（利益を上げにくい）マーケットでも、必ず利益を上げている会社は存在します。自らを省みず、矛先を行政に向けたり、他人のせいにばかりしていたのでは、自分の手でイノベーションを起こすことはできません。いつか風が吹くのを待っていても、徒《いたずら》に歳を重ねるばかりで、最終的にはなにも成し遂げぬままこの世を去ることになるのです。自ら風になり、動力になり、ひたすら前を向いて突き進むしかありません。たとえ一ミリしか進んでいなくても、前進は前進です。前が見えなかったとしても前進（行動）あるのみです。今、置かれている環境が、自分の思い描くようなものでなかったとしても、それを嘆くのではなく、むしろそれに感謝をして、そのうえで自らの手で環境を変えていく努力をしなければなりません。

コラム2　忙しいことは言い訳にならない

「忙しすぎて、勉強はおろか本を読む時間も無い」などと言えば、周りの人達はその多忙さに同情してくれるかもしれません。しかし、ほんとうに忙しいのでしょうか。「忙しい」という一言で逃げているだけではありませんか。社長が自らの職務を後回しにして、目先の売上を追いかけるようでは、会社は発展しません。外部からの情報や、流行などの分析は、経験豊かな社長にしかできません。今あるすべての情報は、自ら生み出すものではなく、既存の社会基盤の中で発想されたものです。社会基盤のなんたるかを考え、どんな切り口で事業を発展させるべきか、あらゆる情報に触れて学ぶ必要があるのです。過去の知識の蓄積の上に今があるわけですから、それらの知識を学ばないようでは、世間から取り残される一方です。それらに投資する時間を捻出することができない社長は、一時的に成功を収めることはできても、いずれ事業は失敗に終わります。目の前の仕事も大切ですが、睡眠時間を削ってでも学ぶ姿勢が大切だと思います。

コラム3　組織化できない会社の社長

会社の組織化が図れない理由は社長自身にあります。組織化をするには、情報伝達ラインを意識します。会社の組織図上、社長が直接的に指示をしてよいのは、社長と伝達ラインが繋がっている直属の部下だけです。それ以下の部下には、当該部署の上長から最新情報や指示が伝わるようにします。ワンフロアで業務を行う規模の会社の場合、末端の部下にも直接伝えれば話が早いと思う社長がいるかもしれませんが、それでは組織図を掲げる意味がありません。社長が伝達ラインの階層を飛び越えてしまうと、社員も同じように反対側から階層を飛び越えて社長に指示を求めるようになります。それを繰り返していると、文鎮型の組織になってしまいます。

権限移譲も重要です。社長がすべての実権を掌握していると、社長以下の各管理職の役割が希薄になります。管理職に適宜権限移譲をして、組織をコントロールするパワーを与えます。そのパワーは主に時間・情報・人事の管理支出の際の決裁権で活用します。管理職にパワーを与えて十分に活躍させること、活躍させるための場を与えること、それが社長の役割です。

出会い

道具市場へ参入

店舗の仕入れのみに頼る運営を続けていると、日または月によって来店客数にばらつきが出てきました。商品供給のばらつきは、即座に売上と収益に影響します。しかしながら、売上が下がったからといって社員たちに減給を強いるわけにはいきません。売上が少ない月はなんらかの方法で補填しなければなりません。そのためには他の仕入れルートを探すしかないと考えた私は、伸悟と二人でフリーマーケットに出向き、目利きだけでネット販売に適している商品を探しては買い漁りました。その頃のネット販売は今ほど普及しておらず、パソコンを操作することができる人しか参加できませんでした。幸い私はパソコン操作には長けていましたので、ネット出品用商材を集めるのにさほど苦労はしませんでした。フリーマーケットで大量に商品を仕入れていると、あるとき、一人の古物商が伸悟に「そんなに商品が欲しければ市場に連れていってやる」と声を掛けてきました。私はその話をにわかには信じられなかったので、市場には伸悟を一人で行かせました。

ちょうど同じ頃、私の姉が、「市場に参加できるかもしれない」という話を持ってきました。私がネット販売で利益を上げていることを知った姉は、独学で出品技術を習得して、主婦の傍らネットで出品をしていました。姉は実店舗を開いているわけではありませんでしたが、古着屋で仕入れを行い、さらにその古着屋が仕入れを行っているウエス屋とも繋がり、その過程でネット出品に適した商品を見つけては販売していました。取引先のウエス屋から市場の話を聞いていた姉は、自分の弟の会社の仕入れ拡大の足しになるかもしれないと思い、私が市場に行けるように先鞭をつけてくれたのです。今思えば、当時の私は「元祖せどり業者」だったと思います。

いよいよ道具市場に行く日がやってきました。伸悟と私は二手に分かれて市場へ向かいました。ところが、私が九時頃に市場に着くと、そこには伸悟とその紹介者がいました。どうやら古物商が伸悟に紹介した市場と、姉が私に教えてくれた市場が同じだったようです。私たち四人は合流し、夜中の零時くらいまで市場を見学しました。初めて訪れた市場での感想は、とにかく安い。これなら商売になると思いました。次回からは、毎回五十万円の資金を携えて、落札するために市場に参加しました。

市場での独特な慣習

道具市場では、机、椅子、タンスなど、家庭用の家具をはじめ、照明、冷蔵庫、電子レンジなどの家電製品のほか、骨とう品、作業用の機械、壊れた機械など、多岐にわたる品物が出品されていました。市場では、出品する人たちを「山方《やまかた》」、それらを買う人を「買《かい》方《かた》」と呼ぶことを教わりました。道具市場には、山方（売方《うりかた》）、買方を合わせて約五十名の参加者がいました。

商材を競る舞台は前方にあり、その奥には大きな倉庫があります。倉庫には、これから出品されるすべての商品が収納されています。買方はまず倉庫に入り、商品とその状態を詳しく確かめてから、目当ての商品が競りにかけられるのを待ちます。競りが始まると、発句をする担当者（以下、ホック）が、その商品の相場よりやや低い金額を伝えます。これが道具市場のホックの役目です。ホックが「千円」と言うと、前方に座っている買方が「二千円」「三千円」と次々に声を掛け、最高値をつけた人が落札します。一商品につき約十秒で落札されます。初めのうちは、展開の速さについていけず、遠巻きに競りを見ているだけでした。新参者は、競りが行われる舞台から最も離れた席から声を掛けなければなりません。どの市場にも、新参者は最後方、古参ほど前列に座ることができるという暗黙のルールがあります。ベテランを敬う市場のしきたりが、現在の日本の古物業界を支えているような気がしました。

そうは言っても、私の席からは、舞台で何が起こっているのかまったく見えないので、なるべく早く年寄りになりたいと思っていました。十分な買取資金力もなく、商品も思うように見えないハンデを背負いながらも落札をし続けました。

市場に参加する人のほとんどは大きなトラックで市場に乗りつけますが、私が乗ってきたのは自家用の普通車です。市場のルールでは、落札したものはその日のうちにすべて持ち帰らなければなりません。シートを倒して収納スペースを広げたところで、普通車の後部座席に大きなタンスが載るわけがありません。そうした事情で、大型家具を落札したくてもできないのです。落札できるのは、小さなテーブル、二九インチ以下のブラウン管テレビ、小型家電などです。ホックが「二九インチ、テレビ、二〇〇〇年（製造年）、五千円から」と声を発すると、舞台に近いところで「六千円」「七千円」と競り合う声が聞こえてきます。最後列にいる私には肝心の商品が見えませんが、「八千円」「九千円」と値段を吊り上げます。値段を吊り上げすぎて、通常のリサイクルショップの小売価格以上の金額で買ってしまったこともありました。それでも、失敗を恐れずに果敢に落札し、そのたびに一喜一憂していました。

道具の市場があるのなら、ブランド品の市場もあるのではないかと思った私は、道具市場で長老格のアイワ社の和田社長（以下、アイワさん）に思い切って「私の本業は、ブランド品のバッグを取り扱う古物商です。そういうバッグを仕入れる市場はないですか？」と質問をぶつけてみました。アイワさんは「そんな市場はない！　あったとしても、相当な資金が必要で、お前みたいな貧乏人が行く場所ではない」と言い放ちました。それを聞いて私は「市場はある」と確信しました。アイワさんが私に「ない」と言ったのは、その時はまだ私のことを信用していなかったか、私の買う力が弱いと思ったからでしょう。いつかブランド品の市場に行ける日のために、信用と実績を積んで、買取資金を蓄えなければならないと思いました。

道具市場では、我が社の運命を変えるできごとがもう一つありました。どの市場でも出品されるような小さなテーブルを千円で落札し、持って帰ってヤフオクで出品をしたのですがまったく売れず、かといって会社で保管すれば場所を取るので、たとえ五百円でもいいから売ってしまおうと思い、テーブルを含め、出品したいものを持って市場に行きました。市場主はそのテーブルを見るなり「ごみを持って来やがって‼」とかなりの剣幕で私を叱責しました。しかし、ごみを売ったのは他の誰でもなく、その市場です。しかも落札してから二週間ほどしか経っていません。これを理由に市場主に反論をして、市場に出入りできなくなったら致命的です。この場では事を荒立てずに「そうですか、申し訳ありません」と謝って「ごみ」を持ち帰りました。この件があったおかげで、家具などは、その市場の雰囲気（景気）と参加メンバーによって落札価格が大きく変動し、掘り出し物にもなればごみにもなること、つまり、私が在庫として持っている商材はどれも宝とごみの紙一重だということに気づきました。

相場の安定は、私たちの商売の安定にも繋がります。相場の変動が激しい商材の売買を繰り返していれば、いずれ在庫はすべてごみとなってしまう。そんな状況が続けば、いつになっても安定的に収益を上げることなどできないと感じたのです。その日を境に、私は、実店舗での家具の買取と市場での落札を一切やめました。その代わりに、相場が安定している家電製品などを中心に買い取ることにしました。この決断をしたことで、後にブランディングをする際に、ブランド品買取に特化したビジネスモデルをブラッシュアップすることができました。このできごとがなかったら、エコリングはごく一般的なリサイクル品買取専門店に留まっていたと思います。

二〇〇三年一月に古物市場に参入、同年六月頃にはアイワさんと私は懇意になっていました。事の始まりは、アイワさんが持ち込んだ品を、私がよく落札していたことです。競りが終わると二人で夜泣きラーメン（屋台のラーメン）をすすりながら、山方のアイワさんが出品したものを、買方の私がいくらで売って儲けがいくら出た、などと話をしました。アイワさんには「お前は、ほんとうに変わり者だ。山方の俺に売値を教えてしまったら、次にその商品が入ったときには、儲けを見込んで発句を上げることだってできる。それなのにあけすけに俺に金額を言う奴は初めてだ」と言われ、初めのうちは褒められたのか小馬鹿にされたのかさっぱりわかりませんでした。私は「私たち（買方）が市場で高く品物を買えば、アイワさんもお客さんから高く買うようになって、さらに、世の中が良くなったり、物量が増えたりするのではないでしょうか」ともっともらしく返しました。アイワさんは「それが変わっているんや」と言いながら笑っていました。さらに続けて「桑田君は、舞台から遠く離れたところで競り落としているけど、そんな後ろにいたのでは商品が見えないだろう。それでも諦めずに毎回、落札しに市場にやってくる」とねぎらいの言葉を掛けてくれました。そして、私にとって最高の言葉をアイワさんにもらいました。「お前は、本物の古物商になるかもしれない。本物の古物商は、買ってから考えるんや！」と。「買ってから考える」とは、買ってから売り方を考えるという意味です。言われた時はその意味がわかりませんでした。持ち込まれた商品が売れると見越して、利益を想定しながら買うだけなら誰でもできる。売れるかどうかわからないものでも買ってみて、買った後で徹底的に売り方を考えたり、工夫して販売することができるのが、本物の古物商だということを理解したのはしばらくしてからです。アイワさんにそう言われてからは、今こうして市場の最後列で競りをしているのは、本物の古物商になるための訓練だと思い、ますます、道具市場で競り落とすようになりました。その市場で経験を積んでいると、他にも市場があるという情報を入手しました。それからは立て続けに近隣の道具市場を紹介してもらって、最終的に三ヵ所の道具市場に出入りできるようになりました。

夏が過ぎ、秋から冬に変わる頃、いつものように市場帰りにアイワさんと夜泣きラーメンを食べに行きました。突然アイワさんが「お前、今でもまだブランド品が欲しいのか?」と言いました。私は即座に「本業ですから、当たり前じゃないですか!」と勢いよく答えました。するとアイワさんは一呼吸おいて「今度の日曜日、お前を質屋の市場に連れていく」と言いました。私はこの言葉をどれほど待っていたことでしょう。当時は、質屋の市場はその存在すら隠されていました。それでも絶対に質屋市場はあると信じていた私の直感は当たっていました。業界がひた隠しにする市場とはいったいどんなものだろう。私は期待で高揚しました。

振り返ってみると、アイワさんとの出会いがなければ、今のエコリングは存在していなかったと思います。アイワさんと一緒に夜泣きラーメンを食べながらする話の中から、たくさんの学びがありました。私に「本物の古物商になれるかもしれない」と言ってくれたアイワさんは、古物業界の歴史、古物取引の本質などをはじめ、業界のしきたり、暗黙のルールなど、業界人同士の付き合い方も教えてくれました。彼は私にとって、素晴らしい師匠の一人です。

質屋の市場

二〇〇三年九月のある日曜日、道具市場で共に仕入れを繰り返してきた姉と私は、アイワさんの紹介で質屋市場へ行きました。この市場でアイワさんと親しいアロー橋商店の橋爪社長が私たちを案内してくれました。この日は市場内を見学してから、市場参入の手続きを済ませて帰りました。

その数日後、質屋市場で競りに参加する日がやってきました。私はこの日のために、いつものように睡眠時間を削ってネットで出品をして、百万円の買取資金を掻き集めました。早る気持ちを抑えながら競りの会場に入ってすぐに、以前アイワさんが「お前みたいな貧乏人は出入りできない」と言った意味がわかりました。

そこで見た光景は、私の想像をはるかに超えていました。道具市場とは商品の単価も、掛け声も、落札されるまでのスピードも違います。平均単価二十万円の商品が一点につき約五秒で取引されます。掛け声は徐々に値段を上げる道具市場とは異なり、「一本槍」というやり方で、初めから希望する買取金額（自社にとっての最高値）を一斉に声と手で示すのです。質屋市場に初めて参加した私には、手で示す形の意味はわかりませんが、まるで魚市場の競りのようでした。掛け声は「ミ」「ミイ」「ヨ」「ヨイ」などの符丁で行います。私は符丁を知りません。符丁は、見ているうちに覚えられるような単純なものではありません。たとえば、ホックが「ダイヤ、立て爪、一カラット、四グラム」と商品の概要を読み上げた後に「ミ」と競り始めの金額を言うとします。それと同時に、ホックと約二メートル隔てて向かい合っている、落札者を決定する人にその商品を投げるのです。商品が宙に浮いている間に、買方が声を出し、一瞬のうちに落札者が決まります。落札だけなら、見よう見まねでできるようになりそうですが、その商品が「ヨ」で落札された場合、金額は相場によって十六万円（十倍）、百六十万円（百倍）、千六百万円（千倍）と変化します。通常相場の範囲で、桁が十倍や十分の一になる商品がない前提で（たとえば、iPhoneの相場はだいたい八万円前後で、これが八千円や八十万円になることはないといったこと）、業界全体の相場観に基づいて一六という数字に続くゼロの数は省略されています。そうしたわけで、あらかじめ通常の相場を知らなければ、怖くて落札できません。しかも私が買い取ることのできる金額の上限は百万円です。「ヨ」という符丁は、一六の意味なのですが、落札者を決める人が、その相場が高すぎると判断した場合、一五か一四に割り引くことがあります。そうすると、落札された品物が符丁どおりの一万六千円のときもあれば、割引された一万四千円のときもあるのです。新参者の私から見ると「ヨ」という符丁の桁数がわからないうえに、一四、一五、一六のどれを指すのかもわからず混乱してしまいます。

私がこの市場に数回通った頃に、市場に来てもなにも落札しないおかしな男がいると噂にでもなったのでしょうか、あるとき私は市場主に声を掛けられました。「桑田君は何が欲しいの？」と聞かれたので、すかさず「ブランド品のバッグです」と答えました。市場主が「この間から（ブランド品のバッグは）たくさん出ているけど、落札していないですよね。高いですか？」と言うので「すべて購入したいです。しかし、符丁がわからないのでまったく声を掛けることができません。符丁で落札できるようになるまで、競りを観察しながら勉強しますね」と答えました。これを聞いた市場主は「バッグの本当の相場を知っている人が先日から市場に来れなくなってしまったから、あなたはこの市場に入ることができたのです。それなのに落札をしないのなら、市場に来る意味がない。これからは、すべてのバッグを鑑定して値段（発句する金額）を入れてください。値段は符丁ではなく、実際の金額を言ってくれればよいです。頑張ってください」と励ましの言葉をもらいました。その日を境にブランド品のバッグを競り落とせるようになりました。バッグが出品されない時間帯は、貴金属や時計の相場を勉強しました。当然のことながら、その市場でも私の席は最後列なので、商品に触れることはできませんでした。しかし、時間とともに私の存在が知れわたるようになると、市場に参加する先輩たちが「桑田君、こんなの欲しいんじゃないの？」と言って後ろの席にまで商品を回してくれるようになりました。新参者を温かく受け入れてくれる人たちがいたからこそ、今の私があるのです。

質屋市場にも長老格がいました。ジュエリー道浦の道浦社長です。私と姉は道浦社長のことを「先生」と呼び、貴金属、古物業界のことをいろいろと教えてもらいました。先生は「質屋の市場にリサイクルショップ会社が参入できたなんて奇跡だ」と面白がって、ことあるごとに私たちに声を掛けてくれました。ブランド品のバッグばかり買い取る私たちを見た先生は「こんな小さな市場で売買するよりも、もっと大きな市場に参入しなさい。日本一大きな市場を紹介してあげよう」と言って、福岡市場と下関市場（当時、日本最大の市場）を紹介してくれました。「古物の商売は、鋸《のこぎり》商《あきな》いや。相場が安かったら、お金が無くなるまで買い続ける。相場が高くて手が出せなかったら、その市場に商品を売ってもらったらいいんや」と古物商売の極意を教えてくれました。「紹介された市場には必ず行くこと。そして、必ず自分の商売に繋げていきなさい」と指南しました。

当時の私が自由に使える買取資金は百万円しかありません。福岡に行くには往復する経費がかかるので気が進みませんでしたが、先生の教えに従って規模の大きな市場に参加するために、九州へと向かいました。

福岡の市場

道浦先生のおかげで、私は福岡の市場に参入することができました。福岡市場に行ってみて驚いたのは、取引金額がネット販売の金額を上回っていたことです。私は、ネット販売はB to C、市場はB to Bだとばかり思い込んでいました。ネット販売を利用するのは主に一般消費者であるため、末端価格（最終的な売値）が最も高くなるものだと思っていました。ところが、B to Cの相場を上回るB to Bが存在すると知り、衝撃を受けました。その相場の信憑性を疑った私は、隣の席に座っている見知らぬ人に、「この相場は日本円ですか？」「さっき落札されたバッグの儲けとして山方が受け取る金額はいくらですか？」などと懐疑的な質問ばかり投げかけました。しかしそれは杞憂に終わり、この市場では額面どおりの金額で取引されていることがわかりました。

福岡市場と下関市場で初めての視察を終えた私は、次回は必ず山方として出品する決意とエコリングの相場観を上げるために取り組む決意を固めて姫路に戻りました。

福岡市場では、たった一日で千五百個のバッグの出品から落札までが行われていました。次回、この市場で出品するときは、在庫をすべて換金して利益を確定させるつもりでいました。手間暇かけてネットで出品するより、一気に市場で売った方が時間も労力も少なくて済みますから、我が社にとっては好都合です。しかし、「次回は出品する」と決意はしたものの、実際（初回参加）には、バッグのBランク（使用感がある商品）からDランク（使用感があり経年による汚れが一目でわかる商品）のみの商材しか落札できませんでした。

当社は相変わらず質屋が欲しがらない商品ばかり買い取っていたので、その相場観だけは全国的に見ても高かったのです。私は、質屋との競合を避けようとするあまり、創業当時から安い商品帯だけの相場を踏むことしかしてきませんでした。そのようにしてきたのは、質屋と競合してNランク（新品）やAランク（新品同様）の商材を掻き集めても、それら高額な商品帯、価格帯の商材を売ることができるスキームを作らない限り、何年経ってもこの市場で落札することは不可能だと判断したからです。

会社に戻ってから、私は広告に「状態の良い商品も買います」というキャッチフレーズも加えることに決めました。さっそく道浦先生には、そのこととともに、次回は出品すると伝えました。

初めての出品では、ほとんどなにも買えなかったことを先生に報告すると、先生は再び私に「古物の商売は鋸商いやからな」と言いました。

それから約二ヵ月後、私は福岡市場で二回目のバッグ大会（高額なバッグが大量に売り出される日）へ行き、初日から精力的に参加しました。市場参加者のほとんど全員が下見をします。これまでの福岡市場は、毎回千五百個のバッグで埋め尽くされていたと聞きましたが、今回は、私が出品したバッグだけで千五百個あります。いつもの二倍の数のバッグが出品されていることを不思議に思った買方たちは、「どうして今日はこんなにたくさん出品されたのか？」と口々に言いました。出品数が多いからといって品物の状態が悪いわけでもありません。むしろすぐにでも売ることのできる良品ばかりです。「なぜ、そんなに良いバッグが出品されたのか？」と言う人もいました。たくさんのバッグを私が出品したことを市場主が公表すると、ある買方が私のところにやってきて、唐突に「これからどんなご商売をされるのですか？」と言いました。その買方は、私が今の商売を廃業するためにすべての在庫を放出しに来たものと勘違いしたようです。私は「店を畳むわけではありません。それどころか、これからはもっとたくさん出品しますよ」と答えました。

当時の市場は、自分の店舗で売れないような滞留在庫を換金するのが主な役目でした。我が社のような、消費者に向けて売りやすいか売りにくいかは関係なく、商品をすべて市場で売り切るという発想はありませんでした。そういう時代ですから、この業界では生きた商品（誰もが売りやすい商品）が出品されるなど考えられませんでした。二回目の福岡市場参加では、私が持ち込んだすべてのバッグを売り切ることができ、市場も盛り上がりました。このことは道浦先生の耳にも入り、福岡市場主から「良い山方を紹介してくれた」とお礼の電話があったようです。この一件で先生はようやく私のことを認めてくれて、「全国のどの市場でも紹介する」とも言ってくれました。福岡市場での私の働きを知って「当社に商品を分けてください」と取引を申し出る会社も多数ありました。さらに、「ブランド買取専門店と繋がれば、良い商品が市場に出品される」という話が口コミで広まりました。これがきっかけとなり、後発のブランド買取専門店がどの市場でも歓迎されるようになりました。

一方で、「出品はしてほしいが、市場に参加して商品を落札することはできない」などと理不尽なことを言う市場主もいました。当時、質屋の市場でも道具市場でも、売方より買方が優遇されていたことが背景にあります。

私は、商品を落札する業者と出品する業者の地位が異なる理由が解りませんでした。市場運営の長い歴史の中で、相場が上がればその市場に商品が集まることは想像に難くありません。しかし、売方の私に言わせれば、それは不完全な考えで、そもそも商品がなければ市場そのものが成り立たないと考えるべきです。私はこれをはっきりと市場主に伝え、売方も買方も対等にみなしてくれなければ出品はしないと言いました。市場に参加したら、たとえ一つでも商品を買って帰ろうと思うのがごく普通でしょう。実際、売り買いができてこそ経営効率は上がるものです。たった一つでも利益の上がる商品を持って帰るのと、手ぶらで会社に帰るのでは大きな違いです。

このように、十年以上前は売方と買方の地位に差をつける慣習がありましたが、今はどの主要な市場でも両者は平等です。長年にわたり悪しき慣習を守ってきた市場は、私が市場の出入りをし始めてから十年ほどで衰退しました。

私はこの一件を経て、市場での買方の地位を向上させなければ、すでに参入している私たちはもちろん、後発で参入する業者も、売方と対等とはみなされないであろう不安を味わう一方で、自らの地位を必ずや押し上げていけるはずだと確信しました。それは、大きな組織に対してひるむことなく自分の意見を伝えることができたことへの喜びでもあります。私にとって売方の地位向上は、錦の御旗（大義）を手に入れたも同然です。我が社のように小さな企業でも、大量に商品を持ち込めば意見を聞いてもらうことができる。ようやく私は古物業界の一員であることを実感しました。

コラム4　NO.2は創るもの

右腕（NO.2）がいないと嘆く会社は、経営者が右腕（NO.2）を創っていないだけです。右腕は、探すものではなく創るものです。求人広告の募集職種に「NO.2」がないのはその証拠です。

NO.2を創るときに大切なのは、NO.2候補者が優秀かどうかということよりも、経営者のことを好きかどうか。つまり、経営者とNO.2が互いに好意的で、相手を信頼できるかどうかです。両者に信頼関係がなければ会社は分裂してしまうでしょう。

我が社の場合、組織が百人を超えた頃に、社員たちが「おまえは社長派か副社長派か？」などと、ありもしない派閥への所属を確認するようになり、それを小耳に挟んだ部下が、派閥で組織が分裂することを心配して、社内に不穏な動きがあることを私に教えてくれました。私はその社員に「副社長派でも社長派でもどっちでもいいよ。だって副社長が社長派だからね」と言いました。それ以来、社員が派閥の話をすることはなくなりました。私がこんなふうに言えるのは、NO.2を信頼しているからです。

実践

資金調達

３Ｄコンテンツ会社経営で失敗をしたことで、会社は簡単に潰れることを学んだ私は、感覚的にマーケットの動きの速さを感じていました。動き続けるマーケットで自社を存続させるには、事業を拡大させなければなりません。マーケットから弾き出されてしまう焦りを払拭するために、さまざまな準備に着手しました。

まずは資金調達が必要です。幸いなことにエコリングは、創業してからの経営状態が良好だったので、金融機関からの借入を考えました。それには、最低でも過去三期分の決算書を提出しなければなりません。創業して間もないエコリングが、正規の方法で決算書を三期分揃えるには、今から三年以上かかります。三年の時が過ぎるのを待っていたら、間違いなくマーケットから弾き出されてしまいます。すでに動き出したエコリングは、一秒たりとも足踏みをすることはできません。そこで、三年を待たずに決算書を三枚（三期分）作成する方法を考えました。まず、創業した年（二〇〇二年）の九月から十二月までを個人事業主として一枚目の決算書を作成。次に、エコリングの前身である3Dコンテンツの有限会社（三月末決算）の定款を変更し、二〇〇三年一月から三月末の個人事業主の業績を有限会社の業績に含めて二枚目を作成。さらに、二〇〇三年四月から翌年三月までを一年として三枚目の決算書を作りました。本来ならば三期分の決算書を作成するには、二〇〇二年九月から二〇〇五年三月までかかるところを、わずか一年七ヵ月で銀行から融資を受けるのに必要な資料を整えることができました。これでようやくスタートラインに立つことができました。

必要書類を作成するまでの間は、収益性を向上させるための方策を考えました。事業拡大はもちろんですが、収益性も向上させる必要があると私が考える理由は、ほとんどの上場企業は、創業時にかなりの高収益を上げているにも拘らず、事業を拡大したとたんに収益性が下がっていることにあります。ところが一流と言われる一握りの企業は、投資と回収を周期的に繰り返します。投資活動に入り、高収益期を過ぎると自然に収益性が下がりますす。このタイミングで事業を拡大して回収を進め、再び収益を上げます。竹が節を刻みながら成長するかのごとく、会社を成長させます。私はこの周期を自社の活動に当てはめて、積極的な投資を繰り返し、収益性が下がってもすぐには赤字にならない会社になるよう、高収益の会社作りを目標に掲げました。具体的には経常利益率を一〇％以上に設定しました。

神戸店立ち上げ

道浦先生に九州の市場を紹介してもらってからというもの、以前よりも短期間で在庫を回転させることができるようになりました。すべての商品を九州の市場で販売をしたことで、かなりの利益が上がりました。それを資金として、信用金庫から融資を受けるための資料（個人経営から有限会社エコリング創業一年目までの三期分の決算書、直近の損益計算書、出店するための事業計画、神戸店出店に伴う内装工事ならびに備品と商用車購入の見積書）も整いました。私は姫路市内にある信用金庫で千五百万円の融資を申し込み、目論見どおり約一週間で融資審査が下り、その一週間後には全額が会社の口座に振り込まれました。当時の月商は一千万円、経常利益一五％以上でしたから、十分に返済能力があると評価されたうえでの融資でした。しかし、新規融資のため、連帯保証人が必要です。友人、知人に頼もうにも、話題にした時点で人間関係に亀裂が生じそうです。私は藁にもすがる思いで母親に相談をすると、即座に連帯保証人になることを引き受けてくれました。かつて商売（バスガイド派遣業）をしていた母親は、そのときの私の状況を理解して、我が子を助けるべく快諾したのでしょう。母親は、私に「儲かっているのか？」と質問をしました。「儲かっているから融資を受けて拡大したい」としか答えなかった私に母親が、数字や通帳を見せろなどと細かく口を挟まなかったことには少々拍子抜けしました。母親は、私のことを心配しながら応援もし、信頼していたからこそ、余計な質問をしなかったのだと思います。

入金を確認してからすぐに出店候補地を探し始めました。姫路店の数字を見て、できる限り安い賃料と良い立地を検討しました。思ったよりも早く候補地は見つかりました。エコリング創業前に地図ソフトウェアのインストラクターをしていたときに学んだ店舗候補地探しのノウハウが役に立ちました。出店先として、徹底的にマーケティングをしている高級スーパーマーケットの近隣を選べば、自社で一からマーケティングをするまでもなく出店することができます。私は、地図を広げて高級スーパーの所在地に赤色のペンで印をつけて、その動線になる道路を車で往復しながら、空き店舗の看板を探しました。出店候補地を探すのと並行して、神戸店と姫路店で買い取った商品を一括管理するために、本社機能を兼用できる倉庫を探しました。

倉庫の候補は、私の自宅がある姫路から通いやすい同市内で探しました。店舗も倉庫も賃料が安いに越したことはありません。倉庫では接客をするわけではないので、建物の外観や設備などにはこだわらないことにしました。調査した結果、姫路市内で、農機具を保管する納屋（約四十坪、二階建て）を五万円で借りることができました。本来の用途ではありませんが商品の出入庫はもちろん、簡単な事務作業はできそうです。ぎしぎし音のする木造の急階段で二階へ上がる古めかしい設えのため、大切な商品を管理するためにはセキュリティの強化をしなければなりません。しかし、店舗と同等のセキュリティを完備するには資金調達が追い付かず、たとえ完璧なセキュリティを導入したところで外壁はトタンなので、簡単に蹴破られてしまう可能性があります。私は知恵を絞って、不動産会社名を書いた「空き店舗」という看板をシャッターに設置することにしました。さすがに空き店舗に泥棒は入らないだろうと思ったからです。

ようやく神戸店を開業できるところまで漕ぎつけましたが、会社が潰れる不安は常にあります。そこで店舗でも倉庫でも、すべての机にキャスターを付けました。これならすぐに撤退できますし、いざとなったら夜逃げもできます。どんな状況でも三十分以内にその場を離れることができるように準備だけはしました。ここまでしたのは、融資を受けた銀行に完済できなかった場合の追い込み（取り立て）に備えるためです。かつて闇金から借金をした私は、金融機関と闇金は名称と面構えが違ってもやることは同じだと思っていましたが、前者は闇金と違って、顧客の返済が滞る前に、一度は経営の立て直しを考えてくれます。そうと知ってからは半年に一度、借入をしている金融機関に自ら赴いて経営状況を包み隠さず報告し、引き続き融資を受けられるかどうか、積極的に相談をしました。常日頃から金融機関との信頼関係を築いておけば、万一会社が窮地に立たされたとしても、その原因を探って、改善案を求めることもできます。

倉庫の賃貸契約を交わしてまもなく神戸店の候補地の選定も終わりました。決め手になったのは、そのエリアで有名な蕎麦屋の隣だったからです。我が社名はまだ世に浸透していなかったので、蕎麦屋の知名度を利用してその顧客をそっくりいただこうと考えました。私は、店舗の賃貸契約を済ませるとすぐに内装工事にとりかかりました。江頭に店長を任せることに決め、彼が住むワンルームマンションも用意しました。神戸店の宣伝をするために、新聞の折り込みチラシ五万部を作成してポスティングを済ませ、いよいよ開業の日を迎えました。姫路店の広告を叩き台にして、試行錯誤の末に作ったチラシが近隣の住民の心を掴みました。神戸店開店初日には、たくさんの来店客で店先に行列ができました。

神戸店開業から一週間で、江頭の年収、神戸店一年分の賃料、内装工事費、賃貸契約の保証金に充てる金額を稼ぎだすことができました。まさに油田が湧きでるかのごとく札束が積み上げられていきました。来店客が増えれば買取額も増えるのでおのずと支出も多くなります。赤字にならないために、買い取った商品は一刻も早く売らなければなりません。それらを売るためには人手が必要になり、それに伴う増員をすれば、雇用を維持する負担が増えます。雇用を維持するためには再び広告を出して、商品の買取を促進します。この悪循環が延々と続きます。しかし、売上見込みは立っているので、多くのお客様が来店することに非常に喜びを感じていました。

チラシを配布して大量の商品買取りを繰り返しました。買い取った商品を売るためにアルバイト人員と社員を立て続けに採用して、気づけば社員は約四十名になっていました。個人事業から会社経営に移行して以降の年商は、初年度は一億円、二年目には三億円と、一気に三倍にまで増大しました。その頃には本社機能を倉庫から分離させました。私は、三年をかけて出店、採用、販売を必死で行い、やっとの思いでここまで辿り着きました。当時は「みんなでベンツに乗る！」という目標を掲げてはいましたが、具体的な経営理念はなにもありませんでした。

この頃になると、いくら人員を増やしても売上が伸びないばかりか、ネット出品の効率も上がらなくなりました。人海戦術と斬新なビジネスモデルで我が社をこの規模まで拡大させましたが、収益力が徐々に落ちていると感じるようになりました。効率が上がらないのは、パソコン自体に問題があるか、システムが悪いのではないかと思い、それを検証するために現場を見に行きました。集中して仕事をしている社員の邪魔をしないように、背後からそうっとディスプレイを見ると、隣席の社員とチャットをしたり、ネットサーフィンをしているではありませんか。これでは売上も効率も上がらないのは当然です。

公務員上がりの私は、任された仕事を確実に遂行するのは当たり前だと思っていました。同僚とは切磋琢磨し、出世競争から脱落しないように、スピーディーに仕事に取り組み、信頼される人であることを心掛けていました。私の同僚は上昇志向が強く、みな優秀でした。それがごく普通だと思っていた私は、自分の会社の社員も自分と同じ感覚でいるものとばかり思っていました。自分の会社の現実を知った私は、その足で倉庫を見に行きました。通常、私が倉庫に商品を搬入するときは、毎回電話で予告をしますが、このときは抜き打ちで偵察に行きました。嫌な予感は的中しました。大音量のラップミュージックが倉庫の外まで響きわたり、ドアを開けると、スケートボードで倉庫中を走り回る社員が私の視界に飛び込んできました。音楽に合わせて踊っている社員もいました。どう贔屓目に見ても仕事をしているとは言い難いです。荒れ果てた様子を目の当たりにして、公務員時代の同僚がどれだけ優秀だったか、よくわかりました。そして、教育や経営理念はおろかプライドのない会社は、放っておけばこうなるのだと思いました。

この惨状はヤフオクの評価に如実に表れていて、商品一〇〇点につき四点の割合（四％）で酷評が書き込まれていました。社内の電話には録音機能が付いていたので、社員が帰宅してから録音内容を聞いて、彼らがどのようにお客様に対応しているのかを確認しました。相談内容がクレームや返品のときは、お客様との話の途中で、社員が一方的に電話を切っていました。どのクレーム対応でもほぼ同様です。常識ではとても考えられません。そんなことをすれば会社が潰れるかもしれないことは誰だって容易に想像できるでしょうに、彼らが平気でそのようなことをするのは、会社が潰れたら次の会社を探せばよいと思っているからです。彼らの人生において、自分が働いている会社の収益や対外的な信用など大したことではなかったのです。性善説で人を見てしまう私は、社員の心の内を知って愕然としました。

経常利益率は下がり続けましたが、引き続き事業拡大は進めていたため、売上利益は増加していました。このように、奇跡的に収益だけは上がっていたおかげで我が社は救われました。

振り返ってみれば、エコリングの人材育成、経営理念、事業計画はどれも十分でなかったのです。「みんなでベンツに乗ろう！」という目標は、すでにその効力が薄れていました。そこで、私は、何から着手すればよいかを模索するため、社員一人ひとりに面談をする一方で、取引先の同業者の先輩経営者に相談しに行きました。その社長は私に、日本創造教育研究所というセミナー会社を紹介してくれました。私はさっそく、そのセミナー会社に連絡して、社員を教育するように依頼したところ、「社長自らセミナーに参加してもらわないことには話が進まない」と断られました。私自身は、公務員時代に部内セミナーで徹底的に教育を受けてきたつもりです。この期に及んで社長の私が、何故、再び教育されなければならないのか、不思議に思いました。しかし、私が行かなければ、話は進まない。私はふと、中学生の時に自分自身に誓った言葉を思い出しました。「他人の悪口を言わない」「迷ったら必ずやってみる」。今までそのルールから逸脱したことはありませんでしたが、今回に限っては、セミナー参加について迷いがあるうえに否定的です。そればかりか、社員に対する愚痴をセミナー担当者にこぼしてしまいました。これでは完全にルール違反です。「このセミナーに参加したいとは思いませんし、参加したところで身になるとも思えませんが伺うことにします」と後ろ向きな気持ちのままセミナーに参加することになりました。

渋々参加したセミナーでしたが、自分自身の思考に偏りがあることがわかりました。そして、社員は私の分身であるとともに、自分を映す鏡であることにも気づきました。私の日頃の行動や言動のすべてが全社員に影響を及ぼし、今の結果を招いていることも判明しました。人の上に立つ者は、社員が目標にしたいと思うような人でなければならない。すぐにはなれないとしてもそうなろうとする姿勢を示すことで、社員から尊敬の念を得ることはもちろん、信用される人にならなければならない。そうでなければ、私に関わった社員は決して幸せにはなれないと強く感じました。

セミナーを受講したことで私は心を入れ替え、それまでの「みんなでベンツに乗る」という稚拙なビジョンを「物心両面で社員共に幸せになろう」と改めました。そしてその考え方を社員と共有するため、順番に社員をそのセミナーに参加させました。社長である私はもちろん、社員も成長しない限り会社の成長はあり得ないことも言い続けました。しばらくは「セミナーなんか受講したくない」「成長はしたいけれどセミナーは嫌だ」「勉強は嫌いだ」などと否定的な反応を示す社員もいましたが、セミナー受講とそれを促す面談は継続しました。

私は公務員時代に、出張命令、人事異動をはじめ、いかなる命令も「絶対」でしたから、なんの疑問も持ちませんでした。それは自分の会社でも同様だと思っていましたから、よもやセミナーに参加しないという選択肢があるとは思いもしなかった私は、いとも簡単に社員がセミナー参加に難色を示したことには驚くばかりでした。私の経験からすれば、セミナーに参加することができるのは選ばれし者です。出世競争から脱落しないためにもセミナー参加は必要だと思っていました。しかし中小零細企業で働く社員にとってのセミナー参加は、余計な仕事を任された程度にしか思えないのだと知りました。なかには、「セミナーに参加するくらいなら会社を辞めます」と言う社員もいました。しかもその社員は、「私たち（セミナーの参加に反対する社員）が全員辞めたら、年商は半分になりますよ」と脅迫めいたことも言いました。しかし、百五十万円を握りしめて開業に漕ぎつけた私にしてみれば、仮に年商がゼロになったところで振出しに戻るだけの話です。痛くも痒くもありません。個人経営時代に闇金の取立てを経験したことを考えれば、年商が半分になっても、手元に一億五千万円は残るのです。私を困らせようと詰め寄った社員を引き止めることはしませんでした。今回のことで会社が傾いたとしても、自分自身をごまかしながら生きるよりはましです。たとえ一瞬にして会社が潰れたとしても、三十四歳の私は十分にやり直しがきくと考えました。一つだけ気掛かりなのは、借入をしている信用金庫と、連帯保証人を引き受けてくれた母親に迷惑がかかることです。

この騒動で約半数の社員が退社したため、私は再び十六時間労働の生活に戻りました。今で気が進まないまま参加したセミナーでしたが、思いがけず良いこともありました。今では私の経営者人生の先輩であり、指導者でもある中野社長と出会ったことです。セミナーが終わってからも、私はことあるごとに中野社長に経営相談をしたり、私に不足するものを客観的に指摘してもらいました。そのおかげで私は経営者としての視野はもちろん人脈も広げることができました。

エコリングの年商が三倍に増大した時に、中野社長は私に「桑田君は潜龍《せんりゅう》かもしれないね」と言いました。四書五経の一つである『易経』に記されている潜龍、昇龍《しょうりゅう》、飛龍《ひりゅう》の話は聞いたことがあります。龍は池に潜りながら（潜龍）、天に昇るために力を蓄え、時が満ちたときに天に向かい（昇龍）、そして優々と天を泳ぐ（飛龍）。そんな話だったと記憶しています。

私は、そのときの自分は昇龍だと思っていました。中野社長は私の奢りを見抜いたのか、天に向かっていく力を養い、己を鍛え、昇龍になってほしいという期待と戒めの意を込めてあえて「潜龍」と言ったのでしょう。それを機に、あらゆる経営知識を身に付け、人間学にも精通するように努力しました。人を雇い続ける難しさや、人の心の機微を感じ取る力が足りないと感じるようになったのはちょうどその頃です。エコリングの組織上の問題も山積みでした。力不足のまま昇龍になったとしても、遅かれ早かれ万策尽きてしまいます。だからこそ、どこまで上昇しても力尽きない会社にならなければならないし、一経営者として社員を牽引することができるような人物にならなければならないと思いました。一方で、出店を加速させるために、試行錯誤しながら鑑定士の早期育成方法の確立を急ぎました。

鑑定士の早期育成

事業を拡大する準備の一環として増員を行って、一刻も早く鑑定士を育成しなければなりません。しかしながら、ブランド品、貴金属の鑑定士を育成するには九年以上かかります。相場を学んで、あらゆる種類の商材を見極められるようになるにはどうしてもそのくらいの年月が必要です。目利きは職人技ですから、会社員が就業年数を経て仕事ができるようになるのとはスキルの積み方が異なります。師弟間の主従関係は絶対で、感覚や感性に依る割合も多いです。鑑定士の早期育成はエコリングの喫緊の課題です。

鑑定士の育成に九年もかけることはできないので、私が習得した鑑定の技術をできるだけわかりやすく、かつ漏れなく社員に伝えることにしました。ダイヤモンドの鑑定方法を教えるときは、図に描いてレクチャーをしました。それが終わるとすぐにテストをしました。ダイヤモンドの鑑定ができるようになるには、ブランド品などの鑑定ができるようになってからさらに十年かかると言われていた時代ですが、現物を手にとって、図を用いて説明をすると、わずか三十分である程度の相場は踏めるようになりました。十年分の技術を三十分のレクチャーに凝縮しましたが、十年分の実地経験を三十分で積んだわけではありません。私の個人的な見解では、レクチャー三十分で鑑定技術の九〇%を理解することはできても、残りの一〇%を極めるにはどうしても十年かかります。だからといって一〇%のために十年も費やすわけにはいきません。そこで、目利きが難しい「トッピン」(一〇%にあたる商材)が持ち込まれたら潔く断ることにしました。

実際にエコリングに持ち込まれた商品のうち、トッピンは約一%でした。お客様には「良いものすぎて相場が踏めない」と前置きをしたうえで買取を断りました。この鑑定を十年以上繰り返してスキルを積んでいけば、トッピンの真贋を見極めることができるようになるはずです。我が社の鑑定技術は、今やピカソ、ルノワールなどの絵画のほか、博物館に展示されるような一ピース(点)二億円超の宝石なども扱うことができるレベルにまで達しています。創業当時から継続して技術を磨き続けてきたからこそここまで鑑定ができるようになったのです。私が鑑定のためのマニュアルを作成し始めて以来、それまで習得が困難だと言われてきた職人技をマニュアル化(文章化)することができるのではないかと思うようになり、すべての技術をデータ化しました。職人は弟子に「背中を見て覚えろ」「体で覚えろ」と言いますが、マニュアル作成をし始めてからは、ほとんどの技術は、背中を見て（体で）覚えなくても、マニュアル化したデータと写真があれば再現することができ、これを使えば職人の技を社内で受け継ぐことができると確信しました。

とはいえ、マニュアルを一読しただけですべてを理解できるわけではありません。マニュアル化によって鑑定士の育成期間を九年から六ヵ月に短縮させることはできましたが、鑑定士が育っているかどうかを検証するには、鑑定の実践と失敗をさせる場を作らなければなりません。ある程度自信を持って鑑定することができるようになった部下を店頭に立たせ、お客様を相手に買取の実地訓練をしました。本当であれば、じっくりと時間をかけて鑑定技術を習得すればよいのですが、一秒でも立ち止まったら会社が潰れるのではないかという恐怖感から、私は思い切って手を打ちました。

エコリングに持ち込まれた商品のデータを、一年がかりで整理していたときのことです。二次流通させることができない商品（以下、偽物）を持ち込んだお客様の割合と商品数、種類から得た情報を分析したところ、偽物をすべて買い取ったとしても、会社は黒字になることが判りました。偽物の販売は法律で禁止されていますが、今のところは偽物の買取を禁じる法律はありません。仮にお客様から偽物を買い取ったとしても、それを処分してしまえば法に触れることはありません。そもそも全商品の真贋を正確に判定すれば、偽物を世に放つことはありません。私は勇気を出して、現場での買取りの仕事を部下に引き継ぎ、店の運営を任せ、自らはゼネラルマネージャーに就任して第一線から退きました。それからのひと月は、偽物を数点買い取っていましたが、数ヵ月すると偽物を買い取ることはなくなりました。偽物を買い取ったことで、鑑定士達が「騙された」と思うようになり、それまで以上に鑑定の勉強をするようになったからです。これは思いがけず嬉しい誤算でした。人財育成と実践を兼ねた鑑定士の訓練を重ねながら、私は相変わらず十六時間労働を継続し、一日六時間を費やす作業を見つけては増員をしました。社員もアルバイトも関係なく深夜まで頑張って働きました。時代の流れとともに、会社も社員も残業を削減する傾向がありますが、当時は社員に恵まれたこともあり、彼らが自発的に昼夜を問わず働いてくれました。

入ったばかりのアルバイトまでもがそこまで一生懸命働いてくれたことには理由があり

ました。私は常にこんなことを言っていました。「エコリングは、今は零細企業で、今後も大企業になるかどうかはわからない。しかし今のエコリングには、大企業にも上場企業にもなれるチャンスだけはある。自分が働いている会社（エコリング）が、今は上場企業ではなかったとしても、自らの手で上場企業に成長させることはできます。エコリングで働くことは、私たちが物心共に豊かになるために残された唯一のチャンスです」。「テレビや写真で見る東京の夜景はとても綺麗だけれど、その夜景を成すビルにいるのは、大企業のエリートたちだ。彼らに勝とうと思ったら、知名度でも規模でも劣る私たちは彼ら以上に働くしかない。エコリングもいつか必ず大企業になって、彼らと同じように東京の夜景を構成する一員となろう」。私は社員たちを鼓舞し、体力の続く限り彼らと共に働きました。その甲斐あって、ようやく二期分の決算書ができあがりました。年商は、初年度千五百万円、二期目は一億円、経常利益率は二期とも一五％以上という数字を叩き出すことができました。

社員はみな脇目も振らずに仕事をしましたが、時代が今ならブラック企業です。雇用環境が整備されていない会社でも必死で働いてくれた彼らがいたからこそ今のエコリングが存在するのです。徐々にではありますが、年間休日を増やし、社員の給与を上げて、「みんなで良い職場環境を創ろう」というスローガンの下で日々の職務に励んでいます。今では、初任給六百万円、有休消化一〇〇％を目標に掲げ、社員全員が物心共に豊かになろうと取り組んでいます。

経営理念の確立

社員との約束で、私は、「物心両面で社員と共に幸せになる」というビジョンを掲げましたが、その時点ではまだ明確な経営理念を構築していませんでした。そこで私は、古物業界の歴史を調べて、未来永劫通用する錦の御旗となる経営理念の作成にとりかかりました。手始めに、私は全社員にアンケートをとり、どんな会社にしたいか、お客様にどんなイメージを与えたいか、さらにどんな文言を入れたいか、など、具体的な意見を集めました。私は未だにそのアンケートを保管していて、このときのことを振り返るたびに、会社は、社員や社長のイメージしたようになるのだということを痛感します。経営理念は、それくらい価値があるものなのです。

経営理念を決めるにあたり、「未来永劫永続する会社」がどんなものかを考えました。永続するための要件は、会社の規模でもなく、知名度でもなく、経営革新（イノベーション）をすることです。人類がその誕生から現在まで、これほどまで長く生き残り、繁栄してきた要因はイノベーションであることもわかりました。恐竜が絶滅してしまったのは、急激に変化する環境に順応できなかったからだという裏付けもあります。それに鑑みると、イノベーションできるかできないかで永続の可否は決まる。これを我が社の経営理念の土台にすることにしました。

未来を見据えて商売を考えることは、先を想像することです。それが先見です。先見性を養うには、過去に遡って検証します。さらに、現在を熟知することにより、点でしかなかった「過去」と「現在」が一本の線で結ばれます。未来はその延長線上にあります。

たとえば、今から約四十年前に市場に登場したパソコンは今や一般化し、私たちの日常生活に無くてはならない存在になりました。パソコンの未来を考えると（将来的に、パソコンに取って代わる商品が出るかもしれませんが）、今のところ、パソコンの普及は一過性であるとは考えにくいです。むしろ今以上に世の中はＩＴ化すると予測するのが妥当でしょう。したがって、商売のどこかにＩＴを組み込まなければ時流には乗れません。頑なにＩＴ化を拒んでしまうと非効率な経営になってしまいます。そうした先見に、自らがイノベーションを起こすような会社にしたいという思いを加えて、全社員と話し合いの場を持ちながら経営理念を煮詰めていきました。

その一方で、古物の歴史を振り返ってみると、江戸時代から質屋、道具屋（古物屋）が存在していたことがわかりました。残念ながら道具屋（古物屋）の資料を入手することはできませんでしたが、質屋の質札や質台帳などが保存されていることはわかりました。台帳に載っている買取品目を調べてみると、江戸時代後期の質種《しちぐさ》は農機具（鍬《くわ》、鎌《かま》など）と米、着物が質入れ商品の主流であることがわかりました。戦前の質入れ品目には学生服、学生鞄などがありましたが、戦後になると米や着物はもちろん、スニーカーなども品目に加わりました。昭和四十年頃には貴金属、時計など、昭和六十年代以降はブランド品のバッグが追加され、農機具や米などの質種が質入れされることは徐々に減っていきました。老舗の質屋は、品物を担保にお金を貸し出すスタイルは変わらないものの、取り扱う品目は、時代に合わせて変えていることに気づきました。だからこそ質屋は、江戸時代から今日まで受け継がれてきたに違いありません。

エコリングも、時代に合わせて取扱商品を変えることで、自らイノベーションを起こすような企業になってみせようと考えた末、買うお客様、売るお客様と共に幸せを追求したいという思いを込めて「価値を見出す使命共同体」という経営理念ができあがりました。

経営理念ができあがった瞬間から「社長が面倒なことを始めた」と言わんばかりの社員たちから、私は煙たがられるようになりました。せっかく経営理念ができたのに、全社に浸透させることができなければなんの意味もありません。朝礼で唱和することも考えましたが、いかんせん、私は早起きが苦手です。唱和したところで何が変わるわけでもないだろう、という疑念も少なからずありました。それならば、経営理念に基づいて私自身が変わればよいのだと思いました。そもそも、社員が倉庫でスケートボードやダンスをしていたことにも、顧客対応の電話に逆切れしていたことにも気づかなかったのは、すべて私の脇の甘さによるものです。日頃の私の無意識の言動が、仕事に打ち込まない社員を生み出してしまったのだと反省しました。良くも悪くも社員たちは私のことを見ています。私はこれを逆手にとって、私が社員の模範となるように振る舞えば、きっと経営理念も浸透するだろうと考えました。いかに私は会社を私物化してきたことか、と反省もしました。会社が経営理念を忠実に実践しているかどうかは、世間が決めることです。それ以来、「会社は私の持ち物ではなく、みんなの持ち物だ」「すべての成功体験は社員がいたからこそ得られた」と思うと同時に、私は単に経営理念を実践するための先導役にすぎないことに気づきました。これからは、「社員にとって居心地の良い会社に変革させよう」「社員が活躍できる職場にしていこう」と心を新たにしました。

そんな矢先、ある社員とお客様との間にトラブルが生じました。私は経営理念に基づき、当事者に判断を委ねました。彼は私に「お客様のためを思えば、その問題に真摯に対応しなければならない。一時的に会社が損失を被ることになっても、信用が第一です」と言いました。逆切れをして一方的に電話を切っていた頃のクレーム対応とは大違いです。彼の発言を聞いて、損得よりも善悪を重んじることを学びました。会社経営の目的は、世に貢献し、その対価として収入を得ることです。かつての私は収入を得ることに固執していましたが、利益そのものが善でなければなんの意味もないことに気づかされたのです。仮に法に抵触していなくても、自信を持って「正しい」と公言できないような行いはしないと心に誓いました。なぜなら、悪事を重ねて会社が大きくなったとしても、いずれ白日の下にさらされ、事業はストップするからです。そんなことになれば永続企業になどなるはずがありません。このことに気づいてからは、常に自分を律し、経営理念に基づいて話をするように心掛け、全社に経営理念が浸透するように努めました。

経営理念の浸透に比例して社員数は順調に増え、事業規模も年商十億円を突破するまでになりました。私にとって年商十億円というのは、ひとつのゴールのように思えました。私の目の届く範囲の会社規模で、全社員のコンディションも含め、会社の状況を把握することができたからです。

経営理念を導入し、自戒したとはいえ、まだ会社の私物化は残っていました。社長が何をしようと、社員は文句も言わない代わりに進言もしない。どんなに少額の私的な支払いも、すべて経費として処理をしていました。夢にまで見た「年収一千万円」は現実のものとなりましたが、会社を私物化して勝ち取った夢です。それでも、当時の私にとっては、それが最高の幸せでした。

問題はありながらも、私個人は夢をかなえましたが、「社員と共に物心両面で幸せになっただろうか？」という疑問は残ります。「価値を見出す使命共同体」という経営理念の下で、「はたして私は世の中の品物すべてに価値を見出すことができたのか」と考えると、世の中の商品の一％も見出していないでしょう。しかし数字上ではありますが、年商十億円になって私自身が幸せを感じたことを思えば、年商百億円になったら、社員十名が同じ気持ち（物心両面で幸せ）になるでしょう。年商十億円を超えてからは、モチベーションを自分の中にだけ求めるのではなく、社員、お客様、世の中など、自分以外の人の幸せを願うように気持ちを切り替えました。そこから先は仕事が楽しくなる一方です。損得よりも善悪を優先して判断をするようになってからは、売上や利益一辺倒だった会社が社会貢献を重んじるようになり、さらには、社会に所属する我が社の意味を踏まえて行動することができるようになりました。自分自身の幸せだけを追求しているときは、それを達成しても自己満足で終わってしまいますが、他人や世の中の幸せを追求し始めると、数も規模も大きな課題が見つかり、やがてそれが目標、ビジョンへと昇華して、生きる意味に繋がるのです。

経営危機（リーマンショック）

水平展開による出店を加速させ、年商六十億円から百二十億円にまで倍増させる事業計画を立て、二〇〇八年十一月末に、社内での経営方針発表に挑むことになりました。

次年度の経営方針発表会で幹部全員が集まっている部屋に入ろうとした時、私はいつもとは違う重苦しい空気を感じました。何があったのかと尋ねると、幹部の一人が今にも泣き出しそうな顔で「来店客数が少ない、売りにくる商品も少ない、買取目標金額も達成できない。相場も急激に下がっている。とにかくお客様が来ない」と言うのです。それを聞いて、急遽、発表会を取り止め、幹部には直近の数字を提出するように伝え、十一月の損益計算書を見ながら現状把握をしました。

二〇〇八年の夏、私は古物業界の先輩経営者のジュエリームロカワの室川社長と会ったときのことを思い出しました。福岡の質屋オークションを紹介してくれた道浦先生と知り合った頃に、同オークションの「マルブン」で室川社長と顔見知りになり、それ以来、懇意にしてもらっています。ジュエリームロカワは創業百年以上、兵庫県屈指の市場規模を誇る質屋です。その社長が私に「香港市場のシャッターが閉まってきているから、気をつけるように」と言ったのです。つまり、香港のバイヤーが時計、貴金属、ダイヤモンド、ブランド品のバッグなどの商材を買わなくなってきているのです。私は、のちにその影響を受けることになるとは思いもせず、他人事のように聞き流してしまいました。その頃はまだ香港のバイヤーとは取引をしていなかったので、「ジュエリームロカワのように、香港バイヤーと付き合いながら、大きな商売をする店は大変なんだろうなあ」という程度にしか考えていませんでした。我が社の取引先のバイヤーはエコリングから買ったものを自社の店頭で販売していると言っていましたから、たとえ香港のバイヤーがまったく買わなくなったとしても、我が社にまで波及することはないだろう。この時点では、エコリングの取引先は、すべて国内販売で完結しているとばかり思っていました。

リーマンショックの予兆は、その一年ほど前に知人からの情報で感じてはいましたが、影響を受けるのは金融業界だけだと思っていました。知人は「サブプライムローンを発端にバブルが崩壊する。それによりローン会社の信用が落ちて、貸出すらできなくなる。大概の人が自動車購入時にローンを組むが、ローンが組めなくなれば車は売れなくなり、最終的にいずれかの大手自動車メーカーが倒産するだろう」と言っていました。それを裏付けたのはクレジット業界の動向です。不良債権化した顧客を抱えるクレジット会社は株価が下がるため、それをカモフラージュするために分母（加入者）を増やして不良債権化した顧客の割合を維持するのです。私はこれを検証しようと、実際に自分でアメリカの銀行系列のブラックカードの加入を試みたところ、あっさり審査を通過したので、後にリーマンショックを引き起こすサブプライムローンバブルの崩壊は単なる噂ではないと思いました。室川社長の忠言もあり、緊迫した事態にあるにも拘らず、それでもまだ、自分の会社に大きな影響があるとは考えませんでした。その頃の我が社の買取が絶好調だったため、現実を受け入れることができずにいました。

二〇〇八年八月から十一月末にかけて経営危機に陥ったのは、リーマンショックの波を受けていたからだと気づいたのは、経営状態が回復してしばらく経ってからです。

近隣の同業他社は、我が社の相場感度が低いことを見抜いていて、今のうちに店頭で買い取ってもらおうとしたのです。我が社が買取金額を維持できていたのはそのためです。

同業他社がエコリングに売るものが無くなったのは十一月中旬。買い取った商品を売り切るまでにはタイムラグがあります。販売価格が買取価格を下回れば赤字になってしまうので、赤字が予想される商品は在庫として抱えていました。

十月には、中途入社の経理部長が退社しました。彼はその頃の状況が何を示しているかを理解していたのだと思います。彼は誰にも事態を報告することなく退社しました。

経理部長の退社だけでもダメージだというのに、それに追い打ちをかけるようなできごとがありました。我が社は数年前から、都市銀行と一億円の当座貸越の契約をしていたのですが、銀行側の不備が原因で、五千万円の貸越しかできないという趣旨の連絡がありました。今まで、一億円の当座貸越を繰り返していた契約が、銀行のミスが理由で、突然、半分にまで減額されたのです。我が社は満額を借り入れていたので、すぐに五千万円を返済しなければならなくなりました。銀行の理不尽な仕打ちに納得がいきませんでしたが、金額が元に戻ることはありません。通常の経営状態ならば五千万円など難なく返済できる金額です。リーマンショックの影響を受けていることに気づいていなかった私は、早急に返済しようと思いました。自らの不備を棚に上げて、資金を引き上（揚）げる銀行に対して、このときばかりは不信感を抱きました。

経理部長の突然の退社、銀行の資金引き上（揚）げ、そして、リーマンショックの予兆。これら三重苦を負いながら、エコリングは事業再建に挑まなければなりません。まずは幹部全員で現状を把握し、次の手を考えました。再建のセオリーとして赤字を止めること（止血）と、損益ラインを明確にしてどのように売上を上げるか（手術）を考えました。さらに事業拡大のシナリオ（輸血）も考えました。しかし、そのときの状況からすると、止血をしても、その後の商売が立ち行かなくなりそうでしたが、なにもしないわけにはいかず、差し当たり止血（赤字を止める）に取り掛かりました。

止血をするために、すべての経費を一覧表示させ、削減できるものを洗い出しました。広告費を削減すれば経費は浮きます（損益ラインは落ちます）が、現状の来客数や買取金額も少なくなるため、売上が下がる可能性があります。こうした理由で、お客様の来店に直接影響する経費をすべて削減することはできません。私自身は、細々でも現状の買取と売上を維持することができれば、そのラインに合わせて他の経費を削減すればよいと考えていました。

経費削減に係るシミュレーションを行ってそれを実践したのが、前経理部長の下で経理補助をしていた渡部《わたなべ》優子（現エコリングホールディングスＣＦＯ）です。経理担当者が一人しかいない状況で、彼女は手際よく資料を作成しました。削減の対象となる項目は、消耗品費、雑費、研修費などです。しかし、どれだけ頑張っても借入金、地代賃料、リース代金だけはすぐには削減できません。それで私はこの三つを次のように考えることにしました。今までは、借金だけが経営の自由度を奪うものだと考えていましたが、賃料、リース代金も借金と同様です。今の状況を脱して会社を立て直すことができたら、リースは絶対にしないことにしよう。そのためには、不動産を買って、その家賃収入で店舗賃料と相殺すればよいと思いました。

できる限りの経費削減を行ってから、経費削減後の損益分岐点を割り出しました。この時すでに相場は、バッグ二〇％下落、時計と貴金属は四〇％下落していましたが、それ以上は下がらない想定で売上を算出しました。シミュレーションが完了した後は、なるべく手をつけたくない人件費に触らざるを得ません。まずは私の給与を手取額が無給になるまで削減して、以下、専務を五〇％、経営幹部を二〇％、それ以外の社員も一〇％削減します。ここまでやってもまだ赤字です。ここから先は希望退職者を募るしかありません。今よりも社員が一〇〇名少なくなれば、なんとか損益分岐点ぎりぎりまで保つことができます。経営者としては断腸の思いです。一八〇名いる社員の中から一〇〇名の希望退職者を募り、残る社員にしても、人生に関わる大きな選択です。しかし、大切な一〇〇名の社員を手放さない選択をすれば三ヵ月後には破産です。それならば、一旦一〇〇名を手放して、会社再建が完了した時点で一人ずつ呼び戻すことを考えました。普通なら真っ先にパート社員を切るのでしょうが、次のパート先を見つけるには難しい条件の人もたくさんいます。若い社員は、職種を選ばなければなにかしら仕事は見つかります。そこで、タイムシェアのような形で、全パート社員の雇用を優先的に維持することにしました。

この方針で、十一月末までに希望退職者を一〇〇名募り、当該社員には十二月一日から有休消化をさせました。そして彼らには一ヵ月分多く給与を支払った上で十二月末退社として手続きを進めることにしました。

私は、エコリングの存続を賭けた苦渋の決断――希望退職者一〇〇名を募る――を社員達に告げました。「ここから先は、去るも地獄、残るも地獄。どちらを選ぶかは皆さん自身が決めてください。自分はエコリングにとって戦力になるのか、戦力外なのかを考えてください。エコリングを存続させるための選択です。戦力外だと思う人は、残念ですが希望退職をしてください」と語り掛けました。ほとんどの社員が私の話を聞いて泣き始めました。常々、社員に「物心共に幸せになろう」と言っていた私が、社員を手放そうとしているのです。私は彼らの生活を守ることさえできないのです。こんな私がエコリングの社長でい続けてよいものか迷いました。経営責任を取ることが、社長自ら職を退くこととイコールではないとすれば、今ここで私が辞めるわけにはいきません。「物心共に幸せになろう」という思いは、単に幻を追いかけていたにすぎなかったこともよくわかりました。経営者といっても、他人を幸せにすることなどできないのだと悟りました。

そんな折、私はある人に「桑田君、希望退職者を一〇〇名募るんだって？　そんなことをしたら、社員に刺されるよ」と言われました。そう言われて、私はむしろ「刺されて死んだ方がましだ」と答えました。世間では、非常に勢いのある会社だと評価されていたエコリングが一転、経営が危うい会社になってしまいました。さらに悪いことに噂が噂を呼び、「桑田（エコリング）は終わった」と思われたのでしょう。勢いが良すぎたぶん、やっかみがあったのかもしれません。「刺された方がまし」というのは大げさですが、エコリングに入社したがために人生が変わってしまった社員にはなにかしらの責任を取らなければならない。だからこそ社員が私を刺し殺して気が済むのならそれでもよいと思いました。
十一月末、一〇〇名の希望退職者が確定しました。彼らはリーマンショック以前に採用した者ばかりで、私は泣く泣く彼らを手放しました。十二月に入ってもまだ相場は安定せず、来店客数も買取金額も減る一方です。私は、自分も含めてセミナーで受講していた日本創造教育研究所の田舞《たまい》代表に相談をしました。田舞代表に経営指導をしてもらえば打開策が見つかるのではないかと、藁にもすがる思いでした。田舞代表の「赤字は止めたのか」「希望退職者を募ったのか」といった質問に、私は状況を説明し、あらゆる手段を講じたことを伝えました。この事態で八方塞がりになった私は、「これ以上、どうにもならない。どこまで落ちていくのかもわからない。底が見えない」と弱音を吐きました。田舞代表は強い口調で「底は自分で決めるんや!!」と私に言いました。

底は自分で決める。

今までの私は状況に右往左往するばかりで、対処しかしてこなかったことに気づきました。田舞代表の言うように、底は自分で作ればよいのです。私は「底」はおろか、それ以外のなにも自分で決めていないことにも気づきました。田舞代表に相談をしたことで、まずは自分で底を決めて、底に向って努力すればなんとかなるかもしれないと思えるようになりました。問題に対処しているときは主体性がありませんでしたが、自分でなんとか切り抜けようと思い始めたらアイデアが湧いてきました。景気の変動を見るばかりで、なんの手も打たず、先を案ずるだけの私に、景気を動かす力など無いと思っていましたが、景気に関係なく自社が生き残る道を考えるようになってからは、大抵のことは乗り切ることができると思えるようになりました。景気浮上を待たずに、自社の経営再建を進める決意をしました。そして、田舞代表に相談しにいってほんとうに良かったと思えるようになるまで頑張ることにしました。

田舞代表に相談した後、私は、「底」がどこに来るのかを探りました。大学時代、論文執筆時に学んだ統計学を活用して、前方（未来）六ヵ月の予測を立てたところ、二〇〇九年二月上旬から相場が持ち直すことが見えてきました。それと同時に、なにかの本で読んだ、消費行動の抑制は三ヵ月までしかもたないという一節を思い出しました。個人の収支に影響しない範囲で景気が下落した場合、一瞬、消費行動は抑制されるが、その抑制は三ヵ月が限度だということです。さらに、人の噂も七十五日です。十一月を起点とすると、消費行動の抑制期限の三ヵ月後は翌年の二月。「人の噂も七十五日」にあてはめても、十一月から七十五日目は同じく翌年の二月です。私はそれらに鑑みて、幹部には「二月一日から十日までにエコリングは持ち直す。持ち直して上昇し始めたら、希望退職者を一人ずつ呼び戻す」と伝えました。「会社を立て直す」「社員を呼び戻す」という決意表明が、私を含め、エコリングで働くすべての者にとって信じられる唯一の力となりました。じわじわと売上が減少する一月が過ぎ、二月五日にはついに買取金額が底を打ち、翌日から緩やかに上昇を始めました。おおざっぱではありますが、私の予想どおりに事が運んだのは、社員が私を信じてついてきてくれた以外のなにものでもありません。

経営危機からの復活

買取金額が下げ止まった二〇〇九年二月以降は徐々に売上が上昇傾向になり、三月期には赤字から黒字へ転換させることができました。創業以来、私は、国内相場での取引をしているつもりだったのに、「なぜ海外の金融情勢でこのように相場が下落し、経済が完全停止したような状態になってしまったのか」「なぜ一〇〇人もの希望退職者を募らなければならなかったのか」を振り返りました。

国内だけで完結していると思われた国内相場は、海外相場の影響を受けていることによようやく気づきました。そして、二〇〇八年夏に室川社長の忠言（香港のシャッターが閉まった）を聞き流してしまった自分の慢心を反省しました。金、プラチナ、バッグ、時計は、世界相場があり、世界的に景気が落ち込むと、全種類の相場が下落するのでした。

そこで私は、「相場感度を上げていかないと、今のままでは、相場に振り回される経営になってしまう」と考え、相場感度が高い取引場所である香港への進出を模索することにしました。エコリングの相場感度が敏感ではなかったために、リーマンショックで希望退職者を一〇〇人も募るほどの非常事態を招いてしまった教訓を経ての決断です。この頃になると、日本青年会議所での活動経験から、日本人は誰でも、海外で通用するほど優秀な人財だと気づいていたので、我が社の人財を投入すれば、間違いなく上手くいくだろうと思いました。

また、リーマンショックを振り返ってみて、当時の私の能力では、社員を一〇〇人手放すのが精一杯でした。二度と同じ轍を踏まないように、なにか違う仕組みを考えなければと思いましたが、なかなか考えはまとまりません。

あるとき、大手空調設備販売会社の社長との会食中にリーマンショックの話になりました。私は彼に、「さすがに大手とはいえ、リーマンショックの煽りを受けているでしょう?」と尋ねると、「確実に煽りを受けている。しかし、新設備の受注が無いときは、別会社でメンテナンスをしているので、グループ内で補塡ができるから、あまり被害は拡大しない」と答えました。私はもう少し詳しく聞いてみることにしました。新設備の投資は、不景気のときには受注件数が減少するが、その一方で、設置した設備を大切に使うことを顧客が意識するので、メンテナンスや修理の受注が増えるのだというのです。グループ内でのメンテナンス事業と設備工事事業との事業規模割合について質問したところ、五〇対五〇でした。さらに、グループ内で人事の出向等があるかどうかを尋ねると、「グループ内で臨時に社員の派遣はさせたが、出向まではさせていない」のだそうです。エコリングも、グループ内で人の流動化を行うことができていれば、一〇〇人の希望退職者を出すことはなかったかもしれません。我が社は、お客様から買い取った商品のメンテナンスを行っていますが、それを単体で行うサービスは行っていません。一般のお客様からメンテナンスだけの受注をすることができれば景気に左右されることはないと考えました。メンテナンス技術は、グループ内で独立させることができるまでには達していません。どのように技術を高めればよいのかわかりませんでした。

それとは別に、パート社員だけで店舗運営をすることも検討しました。そこでも問題は鑑定技術です。パート社員やアルバイトに鑑定技術を教えても、すぐに退職してしまったのでは、育成時に投入した資金が無駄になってしまいます。雇用が不安定なパート、アルバイトの活用は得策ではないと判断しました。

鑑定士の稼働効率を上げるために、姫路本社からの遠隔操作によって、ＷＥＢカメラを使った鑑定を試みました。当時のカメラは画像が荒く、その状態でカメラ越しに鑑定するのはほぼ不可能でした。また、カメラは遠隔操作をしているので、鑑定に時間がかかりすぎるという難点もあります。結局、そのときは諦めるしかありませんでした。

その頃はまだレンズの精度が低く、目視で鑑定をしなければなりませんでしたが、将来的には商品を機械で鑑定できるようになればよい。メンテナンス技術の向上と、デジタルカメラによる鑑定の開発は、今すぐ完了するものではないが、今後、絶対に開いていかなければならない扉だと思いました。これは私にとっての人生の課題でもあります。

差し当たり「海外に進出して相場感度を上げる」ことは実現できそうです。私は、出張の名目で社員を香港に行かせ、自力で商売ができるかどうかの状況把握をするように指示をしました。それと並行して、リーマンショックがなければ実現するはずだった事業計画を一旦白紙撤回し、下落した相場を基準にして新しく成長戦略を練り直さなければなりません。我が社はすでに黒字に回復しているとはいえ、いつまた赤字に転落するやもしれません。私は薄氷を踏む思いで経営を続けていました。そんななか、四月、五月に黒字が拡大し、六月には、希望退職した社員をようやく数名呼び戻すことができました。この日を迎えるために残していってもらった彼らの連絡先を辿って、再びエコリングの戦力になる人に一人ずつ声を掛けました。最終的に二年で二〇人を呼び戻すことができました。なかには、呼び戻し始めてから四年後に、ＩＴ技術を身に付けて戻ってきた男性もいました。

二〇〇九年六月には給与削減期間も終了しました。減給した社員には、その年の一月分の給与まで遡り、十一月には全額を支給しました。そして、減給を受け入れてエコリングを支えてくれた社員とその家族には、感謝の念と、安心して働いてもらおうという気持ちを綴った手紙を添えました。二度と同じことを繰り返さない決意も伝えました。

希望退職者を放出し始めた二〇〇八年十二月末から、減給時の差額返還までの間、社員たちは「仲間を取り戻すこと」「どんなに苦しくてもやり抜くこと」をスローガンに掲げ、一生懸命に業務に励んでくれました。仕事の量は変わらないのに、今までの半分の人数でそれをこなすには、想像しただけでも大変な労力とそれぞれの立場での経営の効率化を図らなければなりません。各店舗の鑑定士は、出勤シフトさえ思いどおりに組めないほどでした。それでも彼らは私生活を犠牲にして、エコリングを復活させるために文句一つ言わずに働いてくれました。それを支える家族の方々には、私の感謝の言葉など軽く思えるほどたくさんの恩を受けました。最低限でも、減額した給与の差額は全額支給すべきです。差額を受け取った社員たちからは、「今まで我慢してきてよかった」という言葉を聞くことができました。減給までの遡及分を支給した翌月（十二月）には、冬季賞与も支給しました。あのとき、共に戦ってくれた社員は今もエコリングの第二創業メンバーとして活躍してくれていて、彼らにはとても感謝しています。

「リーマンショック後の二番底が怖い」と言われながらも、エコリングの経営状態は徐々に回復しました。早急に策を講じたことで、収支も社内の雰囲気も一気に好転しました。その後、景気回復の兆しも見えてきました。そんな折、私はあることに気づきました。

エコリングのようにリーマンショックで痛い目に遭った会社は、自力で収益構造を見直して乗り切った結果、リーマンショック以前よりも骨太になっていて、景気回復後はダイレクトに数字が上向いています。しかし、痛い目に遭ったにも拘らず収益構造に手を入れなかった会社は、リーマンショック後は、以前の収益までには回復せず、その後のマーケット競争には対応できなくなっていました。これが世に言う「勝ち組」と「負け組」です。世間はエコリングを勝ち組だと思うかもしれませんが、私は勝ち負けでものごとを決めるのは嫌いです。私自身は必死に経営をして、会社を存続させて、社員の雇用を守るだけのことです。

リーマンショックを経て、その前後の景気は一変しました。一旦崩壊した経済は、元には戻らないのだと身につまされました。

リーマンショック前と同じ構造では太刀打ちできないのなら、いっそのこと、過去の業績も成功パターンの延長線上にある経営的な方向性もすべてリセットして、今までとはまったく違うマーケットへの参入や、新しい組織構造に着手することを視野に入れました。エコリングのライバルはエコリング自身です。最大の立役者は、社長である私です。「過去の資産を残したままのエコリング」対「未来へ挑戦するエコリング」というビジネスモデル、組織構造に変革させることを考えました。それでは、過去のエコリングを打ち破るにはどうすればよいか。エコリングが今、同業他社に先手を打たれたら痛いと感じるのはどんなことか。エコリングがこの先、マーケットから見放されたらどうなるのか。はたまた、エコリングの最大の強みは何なのか。今後、強みをさらに強化させても、結果的にひとたまりもなく経営破綻するのだとしたら、どんな新ビジネスモデルを構築すればよいのか。脆弱性があるとすれば、可能性を探りながら補強をするのか、それとも切り捨てるのか。私は、今すぐに着手できるものから始めることにしました。

香港進出

海外進出といえば、華々しく支店を立ち上げて出店するかのように思う人もいるかもしれませんが、我が社の場合はまったく違います。スムーズに現地法人を設立するために、あらかじめ国内の経営コンサルタントや会計事務所の手を借りる手法は執りません。我々は、現地の人たちと交流をしながら人脈を広げ、赴任者だけでもコミュニティを作ることのできる環境を整えてから現地法人を立ち上げました。

香港に赴任させる社員は社内で募ることにしました。残念ながら我が社には、私も含めて英語が堪能な者がいません。そんななか、「私は英語も中国語もできませんが、やる気だけはあります。立候補をしてもよいでしょうか」と、ある社員が名乗りを挙げました。私は彼に、「問題ありません。一年経っても英語が喋れるようになっていなければ、入国拒否されるだけのことです」と冗談めかして答えました。「入国拒否」の真意はこういうことです。観光ビザで滞在できるのはひと月が限度です。そこで、ひと月経ったらいずれかの隣国（タイ、フィリピンなど）に一旦出国して、観光ビザで再び香港に入国する。これを繰り返していると、半年ほど過ぎた頃には、入国審査時に「なぜこんなに頻繁に香港に来ているのか」と怪しまれますが、"I love Hong Kong." のひと言で数ヵ月は凌ぐことができます。それ以降は、「いつか香港で会社を立ち上げるためにいろんな人に会って、今は人脈を広げようとしている」と英語で説明すれば、初渡航からの一年は日本と香港を往復することができるはずです。仮に入国審査時にこれを英語で説明できなかったとしても、犯罪者ではありませんから、香港に入れないことはありません。せいぜいで入国拒否です。それでも不審に思われたときは、現地法人の立ち上げを諦めて、即座に帰国するまでです。彼には、「入国審査を通過して、香港での手続きが首尾よくいけば、一年後には支社を立ち上げることができる。香港に行ってすぐに何ができるのかはわからないだろうから、差し当たり、一年かけて現地の友達を百人作ってきなさい。現地に友達が百人もいれば、その中には有益な人脈もあるだろう。支社立ち上げを成し得なかったとしても、店長として日本に戻れるように籍を残しておくから、安心して香港に行きなさい」と伝えました。

いよいよ彼は観光ビザで香港に渡ることになりました。私は、一時帰国する前に、彼のために法人設立の拠点となる住居と事務所を兼ねたアパートを確保しました。仕事でどんなに辛いことがあっても、アパートへ帰れば気持ちが安らぐ、と思えるような環境を彼には提供すべきだと思ったからです。部屋の窓からは香港の夜景が見えます。取引先を招くことになったとしても、ある程度の信用を得られるエリアです。彼は週に一回、メールで動向を報告してくるようになりました。渡航以来一年の報告内容は、主に友達作りのために参加したパーティーでの様子でした。彼にとっては営業の一環ですから必至です。一人でも多くの友達を作るためにパーティーに参加しては名刺交換をしている彼の姿を想像したり、実際にその場を楽しんでいる様子が写真で送られてくると、私の気持ちも和みました。彼と私は、国を隔てて、無意識にこの状況を楽しんでいたのかもしれません。

二〇〇九年十月。彼が香港に出向してから七ヵ月にして、早くも支社設立と商売の可能性が見えてきたという知らせがありました。さっそく、私は香港へ行き、渡航目的の「百人の友達作り」が達成されているかどうか確認をしてから、彼が言う「可能性」がどれほどのものかを探りました。彼の名刺ホルダーを見ると、百枚以上の名刺が入っていました。会計士、弁護士など、今後、協力してもらえそうな人脈も多数ありました。彼が練り上げた事業計画も見て、私は早急に香港に出店するべきだと判断をしました。

いざ出店するとなると、香港で法人を立ち上げて、空き店舗を探さなければなりません。彼は、現地の会計事務所を介して、そのアパートの住所を拠点に法人を立ち上げました。十二月には店舗の候補物件を探し、クリスマスイブ（二十四日）の契約締結に向けてとんとん拍子に話は進みました。すでに物件のオーナーとの面談を済ませ、契約内容にも承諾を得て、調印すれば契約締結というところまできていました。クリスマスイブ当日、私は関西国際空港から不動産屋に「今から行きます」と連絡すると、「賃料三〇〇万円で話を進めていたが、今になってオーナーが三三〇万円にしてほしいと言ってきた」と言うのです。渡航直前にそんなことを言われて私は当惑しましたが、予定どおり香港に向かいました。私は香港に着くや否や不動産屋へ行き、説明を求めたところ、賃料三三〇万円で契約しないのならば、この話は白紙に戻したいとオーナーが言っているのだそうです。私にしてみれば、事前に不動産屋に契約書（案）を送っていて、オーナーがそれに承諾したからこうして本契約のために香港に出向いているのに、契約締結直前になって白紙撤回の危機に直面することになろうとは、まったく予想もしませんでした。いまさらながら、「海外での契約は、契約締結する直前までが交渉だ」と聞いたことがあるのを思い出しました。香港人のオーナーは、契約締結直前に賃料を一〇％上乗せしたら、日本人はそれ以降の交渉を諦めて受け入れるとでも思ったのでしょう。しかし、私は不動産屋の提示した金額（三三〇万円）を受け入れませんでした。それは、泣き寝入りをしない日本人もいることを香港人に示したいと思う、私の意地でした。そして、不動産屋到着からわずか一〇分で、この契約は未締結のまま終わりました。

私は翌日の便を待って帰国することにしました。不動産屋は、この契約が決裂したことを申し訳なさそうにしていたので、「そんなに気にすることはない」と伝えました。すると不動産屋は今回の一件の背景を説明し始めました。「香港の賃料は株価と連動しているから、リーマンショックが原因で、賃料が半額にまで下がった。しかし、株価が徐々に回復して、今は安定してきている。オーナーが強気なのはそのせいだ」。私は、その話を反芻しながらホテルの部屋に戻り、ある仮説を立てました。リーマンショック前の賃料が今では倍になっているということは、リーマンショック前の時点ですでに賃料が高額だった物件の方が、コストパフォーマンスが良いのではないか。マーケットの売上が賃料同様、半分になっているかといったら決してそうではなく、せいぜい二〇％から三〇％の減少でしょう。だからこそ、賃料が高い立地の方が、売上回復と同時に相当なコストパフォーマンスを得られるのではないかと私は考えました。高額の売上が見込める（商売が軌道に乗りやすい）立地だからこそ賃料を高額に設定しているのです。

日本でも、エコリングの店舗は賃貸坪単価と買取金額が正比例しています。香港での仮説を日本で流用して、リーマンショック前の賃料水準だったら借りることができなかった物件を借りるには今が絶好のチャンスだと思いました。そう考えたら居ても立ってもいられません。さっそく、賃料が最も高そうな場所まで歩いて行き、空き物件を見つけるたびに地図に印を付けて、ある程度の数がまとまってから、再び、不動産屋に行き、それらの賃料をメールで知らせるように依頼して、私は日本に帰りました。

帰国後、数日が過ぎ、香港の不動産屋からメールが届きました。見た目の間口と奥行きから計算していたとおり、いずれの物件も三十坪から四十坪で、賃料は六百万円から八百万円です。残念ながら、当時のエコリングには、その価格帯の賃料を維持するだけの財力はありませんでしたが、どうにかして香港バイヤーを探して、彼らとの取引だけで賃料を捻出できるまでになれば、たとえ香港出店に失敗しても日本法人には影響しないだろう。そこで、それを実現するための方法を考えました。日本から出向した社員の英語は、まだビジネスで使えるほど習熟していませんから、当面は現地スタッフの力を借りるしかありません。しかも、現地で支社を設立して間もないうえに、登記した住所は住居兼事務所のサービスアパートメント（部屋掃除付きでホテル形式のアパート）です。こんな状態で社員募集をしても、私たちが求める人員を採用できる確率は低いです。

私は、マカオで知り合いだったネパール人のアラム・シェルパのことをふと思い出し、「香港で働いてみないか?」と声を掛けました。彼は「シェルパ」の名が示すように、エベレストに登頂するときに荷物の運搬や食事の提供を代々行ってきたシェルパ族の血を引いています。彼の気質が新規事業立ち上げにきっと役立つに違いないと思いました。シェルパ族は、九合目まで登頂者の支援を行いますが、自らは山頂までは行かないと聞いていました。それでも彼らは命がけで登頂者を守ろうとします。香港で社運を賭けて出店するエコリングは、エベレスト登頂者に相当します。だからこそ我が社には、辛抱強く、穏やかでありながら目標を共に成し遂げようとする気質を持つ彼の力が必要でした。彼は日本が大好きです。彼の日本滞在経験はわずか二週間ですが、それでも日本語が堪能なのは、彼が勉強家でもある証拠です。おそらく彼は、日本語を学んだときと同じように鑑定技術も学んでくれるに違いないと思い、私は迷うことなく彼を社員として迎え入れました。その思惑は的中しました。

一日も早く、一人でも多くの香港のバイヤーを探すことが、早期出店を実現する近道だと考えていた私は、アラムに「香港バイヤーを探してほしい」と伝えました。すると彼は、中古時計を扱う業者がたくさん入っているテナントビルの前へ行って、そこに出入りする業者らしき人に、手当たり次第に声を掛けました。彼は、アタッシュケースに入っている高級時計を香港バイヤーにちらりと見せて、その後、私が用意したアパートにバイヤーを連れて行き、正式に取引をしました。日本人には思いつかない手段でしたが、それが功を奏し、次々に香港バイヤーを見つけることができました。

店舗を立ち上げると、香港バイヤーが交渉をしに店舗にやってきます。店舗以外では、ジュエリーショーなどに出品をすると香港バイヤーが交渉をしにくることもあります。いずれかの場で軽く取引を行って、互いの相場観を探りながら徐々に取引を拡大させます。

しかし、我々は、実店舗もなければジュエリーショー出店もしていません。私には、それ以外の方法でバイヤーを見つけることができるとは思えませんでしたが、アラムはいとも簡単に、そのいずれでもない方法で香港バイヤーを探し当てました。

香港には、同じ手口で偽物の時計を売るインド人がいます。一見しただけではインド人とネパール人の区別はつきません。本物を売る私たちの横に偽物を売るインド人がいたのでは、私たちに対するバイヤーからの信頼度は低かったと思います。それでもアラムは、不屈の精神と持ち前のコミュニケーション能力でその状況を乗り切りました。それを見て「私ももっとハングリー精神を持たなければ海外では生き残れない」と思いました。そうこうしていると、香港に出向した社員が「五ヵ月目にしてひと月の粗利が五百万円を突破した」と、日本に居る私にメールで知らせてきました。

ここまでくればいよいよ本格的に出店の準備です。現地法人から届いたメールの中に、非常に興味深い物件がありました。それは、クリスマスイブに契約を見送った店舗からさほど遠くないところにある、賃料六〇〇万円の貸店舗で、その距離わずか三〇メートルですが賃料は二倍です。賃料六〇〇万円の物件が、契約締結を見送った物件よりも一〇坪ほど広いのは、二階の床面積が加算されているからです。家賃六〇〇万円の物件は、一階が一五坪、内階段を上がって二階が二五坪です。賃料三〇〇万円の物件は、一階のみで三〇坪です。普通に考えれば、運営しやすいのは後者でしょう。しかし、ある本に「目抜き通り沿いの店舗と、そこから十メートル奥に入った店舗では、物理的な距離は十メートルでも、心の距離は一キロメートルくらいある」と書いてあったのを思い出しました。両者を対通行人の比率で見ると、賃料六〇〇万円の貸店舗はもう一方の約二倍以上に相当します。倍の賃料を払って、結果的にそれに見合うだけの人通りを確保できればよいですが、いかんせん毎月六〇〇万円の賃料は安い金額ではありません。ようやく粗利は五百万円に達しましたが、ランニングコストを考えるとそう簡単には手を出せません。

賃料六〇〇万円の物件の知らせを受けてから数日後、私は香港に行き、立地と店舗の視察をしました。三〇〇万円の店舗は、初めて見たときから五ヵ月も経過しているのに、未だに空いていました。そこで、負けず嫌いの私はとっさに閃きました。「日本人の足元を見るようなオーナーの店舗は借りずに、それと目と鼻の先にある物件をそのオーナーの店舗の二倍の賃料で借りる」。この考えは、私にとっては非常に痛快でした。「日本人の意地を見せつけてやろう。今後、私のような思いをする日本人が出ないように、オーナーに思い知らせてやろう」と思った私は、即座に六〇〇万円の物件を押さえることにしました。今度ばかりは契約締結直前に契約内容を変更されることのないように、別の不動産屋では契約を締結しなかった経緯を詳細に伝えたうえで、今回の物件の契約を進めました。

今回はオーナーが良い人だったこともあり、話はスムーズに進みました。しかし、こちらが希望した契約期間（三年）は、先行き不安なことと、オーナーが言うには「現状では賃料が安すぎる」ため、三年のうち二年目までは賃料六〇〇万円、三年目は賃料に一〇％上乗せで契約することになりました。契約締結の基本合意を済ませてから、トイレや配管設備の改修や、入口までの段差を無くしてスロープにするなど、店舗の売上（年商）には直接関係のないことをリクエストして、契約締結までの時間を引き延ばしました。その間に店舗の内装工事業者を選定し、内装と外観のデザインを決め、それらの見積りが出揃ったところで業者と打ち合わせをして、施工のスケジュールを決めました。ここまでして細部にわたりオーナーと交渉をするのは、工事中に発生する空家賃を払わないための知恵です。そんな小細工をしなければならないほど、当時の我が社には財力が無かったのです。

二〇一〇年六月に店舗がオープンしました。オープン初日から、五十人ほどの行列ができました。一円の売上もないのでは、その先の打つ手もありませんが、ひとたび売上が上がれば分析をして、その後の数字を予測して商品構成（売れ筋）を改善すれば、必ずその成果が上がるはずです。オープン初日に五十人もの行列ができたことで、仮に初月が赤字になったとしても、必ず決算月には黒字化させる自信がありました。経営分析をすれば、売れ筋などの商品構成の見極めができるだけの売上が上がりそうだと感じ、最悪の想定は回避することができました。それればかりか香港の店舗は予想以上に好調で、初月から黒字でした。出店までにある程度香港バイヤーが買ってくれた金額が足しになりました。

香港出店の本来の目的は、エコリングの相場感度を上げることですから、二号店、三号店と多店舗展開をするつもりはありません。そのため、この三年でできるだけ多くのバイヤー（取引先）を確保しなければなりません。この間に、店舗で中国人観光客を相手に店単体で黒字運営ができれば一石二鳥です。

香港では、ちょうどその頃、今の日本で言う「爆買い」が流行っていました。明らかに日本人の感覚と違うのは、中国人観光客は、表示されている価格では買物をしないことです。これには驚きました。私としては、これ以上値引きをする余地がない金額まで下げておくのが最も誠実な取引だと思っていましたが、彼らは値引きをしない相手からは絶対に買いません。スタッフが私の意図をどれだけ彼らに説明しても、一向に買う気配はありません。近隣の店よりも我が社の方が安いとわかっていても、値引きがなければ買いません。

中国人観光客相手の商売には、そういう慣習があるのだということを理解してからは、本意ではありませんでしたが、値引き交渉がある前提で、販売価格の二割増しの価格を表示して、最小で五％から最大二〇％の値引きに対応できる販売方法に変えました。それ以来、不思議なくらい売れるようになりました。なかには、一割の値引で納得するお客様もいるので、そのぶん利益率が上がりました。香港では値引きが当たり前だと知ってからは、国が変われば購入方法も変わることを意識するようになりました。私は、日本での小売経験はありませんが、これと同じことを日本ですれば、間違いなく「エコリングは不誠実だ」と言われるに違いありません。

こうして新しい発見を繰り返しながら、定期的に大量購入が期待できるバイヤーの取引先も確保できるようになってからは、中古時計にしか興味を示さなかった業者がブランド品のバッグを買い始めたり、バイヤー同士の人脈で新規バイヤーを紹介してくれるようになり、エコリングが香港に受け入れられているという実感が徐々に湧いてきました。

当初は店舗でバイヤーとの取引を行っていましたが、約一年後には、我が社と直接取引をするバイヤーが増えたため、一般顧客とバイヤーを別々に対応できるように、香港事務所を立ち上げました。商品在庫は数を増やして事務所に置き、バイヤーとの取引もそこで行うことにしました。香港に事務所を構えたことで、二年後の賃貸契約更新時に撤退を決断したとしても、事務所と、これまでに確保してきたバイヤーの人脈は手元に残ります。

それからあっという間に三年が経ち、契約更新の時がやってきました。香港の貸店舗（建物）のオーナーは「エコリングの商売はとても気に入っている。だから、更新時に上乗せする金額を、通常よりも安くしてあげよう」と言ってくれました。そこに至るまでに、私と香港支社長は日頃からオーナーと密にコミュニケーションをとっていましたから、何を心配することもなく契約更新に臨むことができました。

三年目が過ぎ、四年目の更新にあたり、賃料は一気に跳ね上がりました。日本では考えられないかもしれませんが、海外では物件を所有するオーナーの影響力は絶大です。物件が古くなるほど賃料は上がります。更新前の賃料に関係なく更新後の賃料はオーナーの言い値で決まります。オーナーが提示してきた新賃料は、通常一二〇〇万円のところを一〇〇〇万円にするというものでした。私としては、八〇〇万円なら契約を更新してもよいと考えていましたが、オーナーが提示した金額では年間二四〇〇万円の開きがあります。一〇〇〇万円の賃料を支払うとなると、賃料を捻出するために商売をすることになり、これでは本末転倒です。すでにその頃には、バイヤー数を十分に確保できていたので、賃料五〇万円の事務所があれば事足ります。店舗が無いと、そのぶん中国人観光客相手の売上が無くなるため年商は下がりますが、店舗にかける固定費を支払う必要がなくなるので、利益は倍増します。本来、経営上、追い求めるべきは社員の生活を支える利益です。年商を追い求めることにそれほど意味はありません。私は店舗の契約を更新しないことを決断し、これまでエコリングを育ててくれたオーナーには心から謝意を表し、今後は店舗を構えずに事務所でバイヤーとの取引に注力するスタイルで商売をすることを告げました。現在も基本的なバイヤー取引は香港事務所で行っています。私たちは、香港で学んだことを脳裏に刻み、創業メンバーである香港支社長の江頭が今も着実に事業を拡大させています。

コラム5　社長は夢を語れ

ビジョンを持つことができない社長は、自分自身の可能性に気づいていないのです。ビジョンといっても初めから大掛かりなものを打ち立てる必要はありません。今より一歩前進できるようなもので十分です。会社の規模は小振りでも、世の中に与えるインパクトが大きければ、いずれ社会の公器になる日がやってきます。社長は情熱を持って、社員たちに「こんな会社を創りたい」と言えばよい。ビジョンは、会社の発展とともに塗り替えればよいのです。

「ビジョンを語るのが怖い」と言う社長は、なにもしないうちから「失敗したら（達成できなかったら）どうしよう」と心配ばかりします。ビジョンは社員に対するプロポーズの言葉のようなものです。心に思い描く幸せを確実に相手に届けることができる確証がなかったとしても、熱い思いに嘘はないはずです。全社をあげて幸せになるための、社長から社員への意思表示です。意思表示なくして、共に戦ってくれる社員などはいないと思った方がよいです。

コラム6　社長は一人で十分です

「自分と同じ人間が二、三人欲しい」という経営者がいます。実際に社長の分身が二、三人いたらどうなるでしょう。まず、給与面。社長自身と同等の金額を二、三人分支払わなければなりません。次に統率面。社内で誰よりも先にルールを作って、それを破る社長が、一社に二人も三人もいたらどうでしょう。とても組織としては成り立ちません。社長は一人で十分です。

社長が「社内で誰よりも働いているのが自分だ」などと考えるのは奢りです。社長は得意なことをしているだけであって、「自分がいちばん仕事ができる」と思うのは勘違いです。社長の仕事は、社内の人財を最大限に活用して、社長と部下が互いの不得意な分野を補うように調整をすることです。それができて初めて完全な法人格（会社組織）になります。社長と社員は常に持ちつ持たれつの関係であることを忘れてはなりません。そうすれば、彼らへの感謝の気持ちが自然と湧いてくるはずです。

社長は、「自分の分身を」などと考えずに、社内の人財を余すところなく活用することを考えるべきです。

理論

成長戦略

　創業からリーマンショックを経て、海外進出を果たすまでの間に、私は、企業のライフサイクルの曲線をイメージしながら経営を行ってきました。人生を振り返ってみると、プログラム開発、好調な売れ行きから一転、闇金に掛け込むなど浮き沈みが激しく、「企業は永続しない」「決して油断してはならない」「良いことばかりが永遠に続くとは限らない」ことを痛感し、常に私の頭の片隅でくすぶっています。

　ここでは企業のライフサイクルに合わせた経営手法（経営との向き合い方）を紹介します。我が社はそれに則って今日まで経営を続けていますから、信憑性には自信があります。

　経営の勉強をされている方なら、企業のライフサイクルには、導入期、成長期、成熟期（前半、後半）、衰退期があることをご存じだと思います。導入期から衰退期まで、約三十年で企業が消滅するとも言われています（企業三十年説）。導入期から衰退期までを単純に四で割ると各周期は七、八年です。しかし、私の実感としては、導入期から成長期までで

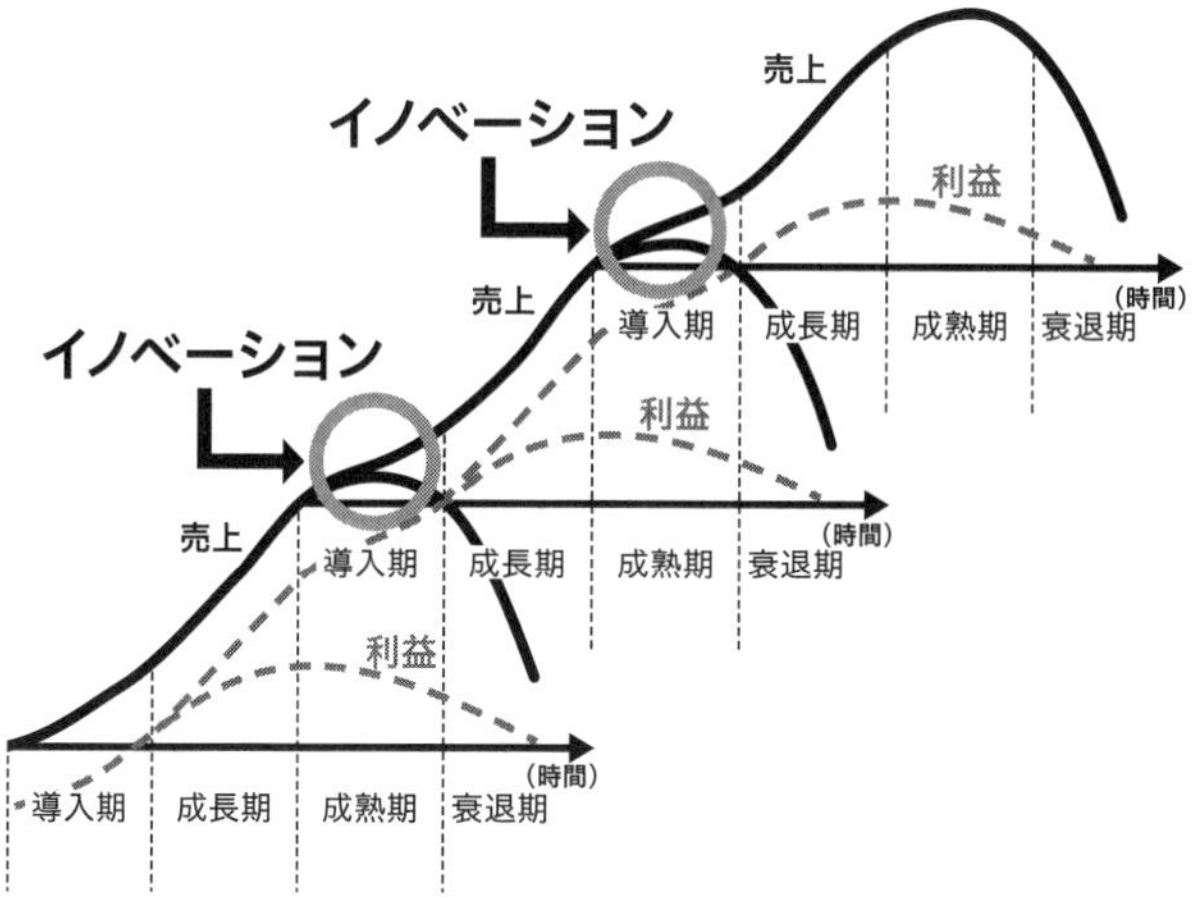

図5　企業を拡大するイメージ

約八年、企業自体のライフサイクルは、二十年から二十五年です。導入期から成長期までが短縮されたのは、インターネットの普及とともに、情報伝達速度が加速したことに関係します。

成長期に差し掛かる頃にはすでに多数の競争相手が存在し、成長期の最中に淘汰されていきます。ひと昔前なら、成熟期でようやく同業他社のサービス力が拮抗し、それまでのサービスに少々手を入れれば成熟期を乗り越えることができたかもしれませんが、今は、同じことを成長期で行ったうえで、それぞれの企業が切磋琢磨しながら成長していくのだと思います。そのため、成長期と成熟期の複合型の戦略が必要です。企業のライフサイクルが短縮された理由はそこにもあります。

導入期

導入期ではまだ競争相手も存在しませんから、競争相手との差別化を図る必要はなく、市場を自由にコントロールすることができます。お客様が他社のサービスと比較することもないので、顧客が流出することもありません。自社のイメージどおりの戦略を実現することができます。

導入期のエコリングもまさに同じ状況にありました。社内の組織統制、企業風土、サービス内容をその時点で固めることができました。エコリングのビジネスモデルが成長期にも適応するように、また、事業を拡大しても経営効率が下がらないように、各部門別損益や時間効率を定期的にチェックするなど、社内の仕組みを整えました。とくに私が重きを置いたのは経営利益率です。拡大を遂げた多くの企業は、拡大するたびに経営効率が下がっていました。そこで私は、初期段階から経常利益率が確実に一〇％を上回っている状態でなければ、拡大をさせてはいけないと考えました。一〇％以上の経常利益率を維持していれば、拡大するたびに経営効率が下がったとしても歯止めを掛けて、修正することができます。しかし、仮に経常利益率が三％しかない状態で拡大をさせると、収益力低下に伴い、瞬く間に赤字に転落する可能性があります。

一方で節税することなしに確実に納税をすることも目標としました。なぜなら、決算書のみで信用を得て借入をすることも視野に入れていたからです。個人事業主から法人に切り替えて間もない企業は、納税することがキャッシュアウトに繋がるため、できるだけ納税額を抑えたいと思いがちですが、それではむしろ拡大そのものが難しくなります。納税額を抑えるためには、その会社が儲かっていないように細工をしなければなりません。そんなことをすれば、決算書の提出だけで信用を得ることはできません。決算書上での信用低下は、融資額の減少に直結しますから、目標借入額には到底満たない金額の融資しか受けることができません。また、その規模での納税となると、企業ぐるみの隠蔽を助長することになり、脱税が前提のキャッシュフローになってしまいます。そんなことになればもはやその企業は脱税体質になり、税務署に指摘され、納税額を抑えたはずが重加算税などを課されることになります。こうした本末転倒の事態を招かないために、導入期では、真っ当な企業として、倫理観を持って経営に取り組むことです。そうでなければ次のステージには辿り着けません。エコリングの場合は、導入期ですでに一五％の経常利益率を出し、拡大に向けての準備をすることができました。

できるだけ高水準の経常利益率を叩き出した後は、拡大が可能な社風にしていかなければなりません。経営者は、一国一城の主ですから、自分の理想を社風としてデザインすることができます。エコリングでは、「一人の社員が困っていたら、それ以外の社員全員で解決できる組織」を目指しました。この考え方は今でも変わっておらず、どの社員も非常に協力的です。リーマンショックで辛い経験をして以来、社員が相互に助け合う社風は今でも定着しています。

年商が半分になるほどの抵抗勢力に阻まれることもありましたが、それでも社風を改善することの方が先です。そうしなければ前進することはできません。

経営効率化による経常利益率向上と社風の創生により、社員の意識が一体化する経営理念を確立し、会社を挙げて成長期に向かう準備ができました。

導入期には、成長期で成長するための基盤を造ることが大切です。

成長期

導入期のうちに成長期の準備をしたのと同様に、成長期では成熟期に向かう準備をしなければなりません。具体的には、成熟期を乗り切るためのシナリオ作りです。通常、成熟期になると、マーケットに同業他社が存在し、サービス内容も拮抗してきます。成熟期に達するまでに斬新なサービスまたは他社に負けない人的サービスを出し尽くした結果がそうなっているのです。ですから、成熟期では、それらを上回るサービスを徹底的に考えることよりも、まったく違う収益構造を生み出すことを模索しなければなりません。

競争相手が次々に出現する状況下で、ネット販売にも変化がありました。個人の出品者が、のちに起業をして経営者になり、徐々に規模を拡大していきました。個人取引は「ノークレーム、ノーリターン」が原則です。ところが、実際は、商品の状態が悪くても新品同様に見えるように画像処理をしてからヤフオクで販売する企業がほとんどです。購入者から「掲載写真と実物が異なる」と問い合わせがあったとしても、販売した企業は「ノークレーム、ノーリターン」の一点張りで、一切の対応をしません。我が社の場合は、粗悪な商品を売ることはありませんでしたから、クレームと返品の対応は必要ないと思っていましたが、返品対応をしない本当の理由は別にありました。真正品を送った後に、偽物とすり替えて返送された場合、大変な損害を被るからです。しかしながら、ノークレーム、ノーリターンを繰り返せば収益が落ちるのではないかと思いました。そのことに気づいたのは、ヤフオクで「ノークレーム、ノーリターン」を謳って販売している企業の上位十社の順位が年々下がっていたからです。なかには、ヤフオクから撤退した会社もありました。むしろそれでヤフオクのマーケットが浄化されていく感さえありました。我が社も撤退に追い込まれないように、早急に「ノークレーム、ノーリターン」を止め、お客様が受け取った商品に対して期待外れだと感じないように、希望があれば返品に応じる方式に切り替えました。

　商品を手にしたお客様が少しでも「気に入らない」と思えば、その商品を使ってもらうことができないばかりか、経営理念に込めた「世の中のリユースを発展させる」からかけ離れてしまいます。それならば、ネットで商品を購入するお客様のリスクを最小限にとどめれば、リユース商品の利用者を確実に増やすことができるはずだと考えました。今後一層マーケットの浄化が進むのであれば、我が社が浄化する側に回らなければ商売の永続もないと思いました。エコリングは「返品自由」を掲げて、お客様が安心して購入できるように方向転換を図ってからは、低い評価が付くことはほとんどなくなりました。

競争相手が出現するまではどんな商売をするにもある程度の自由がありましたが、ネット販売マーケットの浄化が進むと、その自由度が徐々に失われていく気がしました。そこには自分の会社が社会の公器になっている実感があり、窮屈に思うこともありましたが、それゆえに責任感、使命感、挑戦する気持ちが生まれました。

経営者の資質向上と同時に人財育成も行います。そんな折、私は中野社長に「桑田は視野が狭い。もっと視野を広げろ」「世界を見てこい」と言われました。これまで私は、どんなときでも、尊敬する経営者の意見や忠告は必ず聞いてきました。それは大学時代にパブ飲食店の経営をしていた頃からの教訓で、今回も中野社長の言うことを聞かないわけにはいきませんでした。

会社は経営状態が安定していたので、会社運営のすべてを幹部に委ね、各人の判断で出店して、ネット販売を拡大させることを任せました。私は、幹部に下駄を預けたことで、空いた時間に日本青年会議所の国際関連事業に出向いて世界的な活動をしたり、経営者セミナーを受講して、自分を磨くことに専念しました。そうして一年後には、年商は二十億円から三十億円になったことで、その翌年の年商を、前年の二倍の六十億円にまで増大させる計画を練りました。これを実現させるためには一時的に借入をせざるを得ませんでしたが、商売は計画どおり順調に進んでいて、高収益を維持していましたから、資金調達は簡単にできると考えていました。社員も百名ほど増員しました。このままいけば目標達成は目前です。

その頃、私はあることに気づきました。ビジネススキーム（仕組み）さえ構築すれば、社長が長期にわたって席を空けていても、ある程度の事業拡大はできる。優秀な幹部数人だけで組織をコントロールするよりも、そのスキームの中で全幹部に自由に判断をさせて経営計画書に沿って取り組めば、多少時間はかかっても人財育成はできる。ひいては社員の自信にも繫がる。そこに大きな意味があるのです。

当時の幹部は、スキームの構築や改良ができるほどの力量を備えていませんでしたので、善きにつけ悪しきにつけ、枠を超えるような大胆な判断をすることはありませんでした。その結果、大きな失敗をすることがない代わりに、自分の置かれた立場の範疇でしか判断をしないので、スキームを利用することはできるようになっても、自らがスキームを構築したり、商流を変更することはできません。事業規模が拡大すると、スキームの改良と進化はもちろん、廃止の決断を求められる場面で判断が鈍るという悪い側面も露呈しました。自分自身の考えを経営理念と照らし合わせて、正しければ「実行」、正しくなければ「実行しない」という決断ができるのが、私の理想とする幹部の姿です。決断をできるか否かが、できる上司とできない上司の分かれ目です。

こうして、社長が長期不在の状態でも、幹部たちはわずか二年で年商を倍にしました。自分の会社ながら、よくぞここまで秀逸な幹部が集結したものだと感心します。

人材育成とブランディング

ひと口に「じんざい」といっても四種類あります。社会人になって間もないときは「人材」、経験を積んで会社の戦力になってようやく「人財」となります。毎日会社に来るだけの者は「人在」、他の社員の足を引っ張る者は「人罪」です。エコリングには人在と人罪はいないものと思っています。人材育成は、一朝一夕にできるわけではありません。成長期に突入した時点で、約十年がかりで人材育成に取り組んでようやく、成熟期に同業他社と戦える会社になるのです。エコリングの場合、年商三億円（創業二年目）に達した頃に人材育成を専門にする日本創造教育研究所に出会い、その研究所の力を借りるようになりました。その頃には経営理念が確立していました。

なぜ人材育成が必要なのでしょうか。コンビニエンスストアを例に挙げて説明します。立地条件がさほど変わらないフランチャイズが二店舗あるとします。サービス内容もほぼ同じです。一方は人材育成を行っておらず、可もなく不可もない店。もう一方は人材育成を行っていて、非常に愛想が良いスタッフがいる店。誰もが後者を選ぶでしょう。

私が思うに、商売とは、小さな企業努力と問題解決の積み重ねであって、それによって店舗間の格差が生じるのです。ごく普通の店と清潔感のある店、ごく普通のサービスと心のこもったサービス、可もなく不可もない店と愛想が良い店など、店側がほんの少し気配りをするだけで、お客様の利用頻度は上がります。人財は、商売をするうえで不可欠であり、すべてのサービスを提供するうえでの重要な経営資源です。成長期に今後のどんな戦略を考えたところで、それを実行する人材が育っていなければなんの意味もありません。だからこそ人材育成を疎かにするわけにはいかないのです。

企業のブランディングも非常に大切です。中小零細企業が多額の経費をかけずにできるブランディングがあります。お客様が持つ自社のイメージを取り込むのです。お客様にはそれぞれの目的があり、店舗によってお客様の年齢も性別も異なります。それを利用すれば、新たに経費を投入しなくてもお客様のイメージに合致する店舗を作ることができます。ターゲット別にチラシを配布すればさらにブランディングを促進することにもなります。ターゲットを絞り込んでから戦略を考える経営者もいますが、それがお客様のイメージと乖離していたら、ブランディングは進むどころか宣伝効率が下がってしまいます。

私が事業拡大を急いだのは、我が社のブランディングを少しでも早く進めたかったからです。新規ブランド買取専門店（競争相手）が開業するなかで、どの会社よりも我が社を認識してもらうのが先決で、それが競合他社との競争に勝ち残るための最善の手段だと思いました。幸いなことに、ほとんどの競合他社はネット販売のスキームを持っていませんでした。彼らは質屋の取扱商品と同一の商材を買い取っていたのに対し、我が社は「売りにくい」商品を買い取っていました。エコリングは「買取りを断らない」「買ってから考える」をモットーにこの商売に取り組んでいましたから、競争優位性は思うままでした。

この状況にあるうちに、競争優位に立てる新たなスキームを創らなければならないという思いに駆られ、面を押さえるブランディング戦略に取り掛かりました。「面を押さえる」とは出店戦略です。本社を構える関西エリアで、細かい編み目状に出店を進め、それを全国的に展開しようと考えました。まずは名古屋市内（現中部エリア）と横浜市内（現神奈川エリア）に各一店舗を出店しました。姫路で一号店を立ち上げたときと同様に、各エリアでも一号店から順次事業を拡大させるのです。名古屋には遊屋《ゆうや》健治《けんじ》（現常務取締役）、横浜に江頭を転勤させせました。関西エリアでは、ドミナント方式でアメーバ的に出店を加速させ、一部地域での知名度を上げることに励みました。

その頃から関西ではテレビで宣伝を開始しました（以下、ＣＭ）。ＣＭはブランディング戦略の最大の施策です。私は、偶然にも、何十年にもわたりＣＭを流している会社の社長に話を聞く機会がありました。彼は「桑田君、ＣＭ打ち出したなぁ。十年は続けようね」と言いました。ＣＭは十年くらい流し続けないとその効果は見えてこないのだそうです。それまでの私は、ＣＭが流れたらすぐにでもお客様が店舗に殺到すると思っていました。しかしながら、彼の言葉どおり、売上には直結せず、ＣＭの効果のほどはわかりませんでした。だからこそ彼の言葉には納得しました。さらに彼は「十年以上、ＣＭを打ち続けた会社は、みんなが覚えてくれて、仕事がしやすくなるよ」とも言いました。

確かに、私が彼に話を聞きたいと思ったのは、ＣＭを見て、その会社を知っていたからです。私は彼を、てっきり大会社の社長だとばかり思っていました。しかし、よくよく話を聞いてみると、我が社よりも規模の小さい会社でした。仕事がしやすくなるということは、こういうことなのだと思いました。私がその社長の会社のＣＭを知っていたというだけで、なんの根拠もなく初対面の彼を信用したことを考えると、十年にわたりＣＭを流し続けることには大きな意味があるといえます。それ以来、私は彼のことを大好きになり、尊敬するようになりました。今ではことあるごとに仕事の相談をしたり、個人的な付き合いもしています。

収益力が増すと、内部留保を積み上げることができるようになります。そうすると、自己資本比率が増え、企業経営は安定しますが、必要以上の内部留保にはあまり意味がないと考えます。エコリングの場合、内部留保は二五％から三〇％の間にあればよく、その他余剰資金はブランディングや社員に支給する賞与を経由して社会に還元すべきだと思っています。この考え方は、「お金は無くなっても、お客様の記憶にすり込んだ情報は無くならない」というある先輩経営者の言葉に則ったものです。未だに私はこれをブランディングに活かしています。その真意は「いくら自己資本比率を上げて企業が裕福になったとしても、お金はいつか無くなってしまう。しかし、我が社の名がお客様の記憶に残れば、いつか思い出してもらえるかもしれないし、有効に資金を活用してくれるかもしれない。繰り返し利用してもらううちに信用度が上がるかもしれない」。この言葉は衝撃的でした。

当時、私は、自己資本比率を上げることに躍起になるばかりで、蓄えた資本を次の投資にどのように繋げるかを考えたことはありませんでした。当然、その使い道など思い及びませんでした。たとえるなら「貯金をすればいつか使うことがあるかもしれない」という程度です。

それまでの私は、自己資本を積み上げれば企業は安泰だと思い込んでいました。実際は、自己資本比率を上げたとしても、会社の売上がゼロになってしまったら、わずか数ヵ月で社員に給与を支払えなくなります。それならば、新しい商売の種を蒔いて、たくさんの花を咲かせた方が、企業は永続すると思いました。自己資本比率を拡大させるのは悪いことではありませんが、新しいことに挑戦せずに自己資本比率だけを拡大させてきたのだとすれば、それは社長の怠慢でしかありません。そうでないにせよ、無計画に自己資本比率を拡大させたのであれば、せめて賞与として社員に還元すべきです。そうすれば社員も喜びます。その賞与で各人が買物をすれば、経済効果も上がります。

成長期の組織化

導入期に、少人数でやっていた収益構造（ビジネスモデル）が、成長期の拡大（人員増）により一人ひとりの仕事のバランスが崩れるため、効率化を伴う調整が必要となります。エコリングの収益構造（ビジネスモデル）は、年商が三億円になった頃に作ったものですが、年商七十億円に到達するまでの数年間で、経常利益率は一五％から二％台にまで下がりました。事業を拡大すれば組織は必ず崩壊に向かいますから、こうなるのは当然です。互いの顔が見える規模で商売を始めた会社が組織化を図ると、個の存在意義は次第に希薄になります。一人ひとりの活躍が見えにくくなると、会社に対してロイヤルティのある個人の成果が評価されにくくなり、組織（部署単位）の成果しか評価されなくなるからです。そうすると個人の士気が下がり、成果を上げにくくなります。企業の規模がそれほど大きくなかった頃は、組織に微細な修正をすれば経営効率を上げることができたかもしれませんが、組織化が進むと、商流を変えるにしても反発が生じるようになり、かつての規模でのようなわけにはいきません。個の消滅は組織崩壊の前兆だということを肝に銘じることです。しかしながら、個が消滅するとわかっていても組織化は進めなければなりません。組織化なしに拡大することは不可能です。いずれ組織崩壊すると知ったうえで、個人の尊重も行って、双方のバランスをコントロールすればよいのです。

また、組織化するうえでは、収益構造を変化させながら収益を上げなければなりません。エコリングの経常利益率が二％台にまで下落したときに、私は目標設定をそれまでの買取金額から粗利金額に切り替えました。創業当初は買取金額の目標を設定して、それを達成するたびに事業は拡大しましたが、収益力は下がる一方です。現場で何が起こっているのかを分析したところ、買取金額を目標に掲げているがために、あらゆる商品を高値で買い取らざるを得なくなっていることに気づきました。持ち込んだ商品に高値が付けばお客様は喜ぶでしょうが、お客様の希望を全面的に受け入れていたのでは、近い将来エコリングは破綻します。そうならないために、目標設定金額を変更したのです。この変更は、エコリングが運営できる経費を稼ぐための施策です。目標設定を切り替えた後の年商は、前年度より約十億円下がりましたが、粗利を稼ぎ出す収益力は格段に上がりました。

しかし、いくら年商が大きくても赤字経営では商売は成り立ちません。通常、「年商＝売上規模」ですが、売上規模が大きくても倒産する会社はあります。一方で、経常利益が五％以上の企業の売上規模が小さいからといって、必ずしも破綻するとは限りません。

あくまでも我が社は収益性に主眼を置く経営を行っています。事業規模は社会に対する利便性の指標だと捉えます。エコリングをたくさんの人に支持してもらうこと、活用してもらうことが年商規模の増大に繋がり、経常利益率にこそ我が社の存在意義が示されるのです。

成長期では、社風、収益構造変革、人材育成を堅実に行って、次に到来する成熟期の戦いを乗り切るための準備を行います。

成熟期前半

成熟期前半の戦略として、新しいビジネスモデルを開発します。成長期ですでにビジネスモデルの改善を十分に行っているので、成熟期に入ってもそれ以前と同じビジネスモデルで経営をしていたのでは、飛躍的な拡大は望めません。むしろ成熟期のマーケットはほとんど拡大しないと思っていて間違いありません。

成熟期前半では、衰退を食い止めることに注力をしがちですが、本来は、成長期に得た利益を利用して未来に向けて投資をしながら、新しい事業の導入期を創り込まなければなりません。エコリングは、新ビジネスモデルの開発目標期間を約四年としています（成熟期を約八年と想定しているため）。具体的に挙げる年数は、エコリングが破綻するまでの年数です。破綻するまでの年数を想定することで、私はもちろん全社員が危機感を持つことになり、会社全体に緊張感が生まれ、イノベーションの原動力にもなります。

新しいビジネスモデルを構築するときには、今後の内部留保に大きなダメージを与える

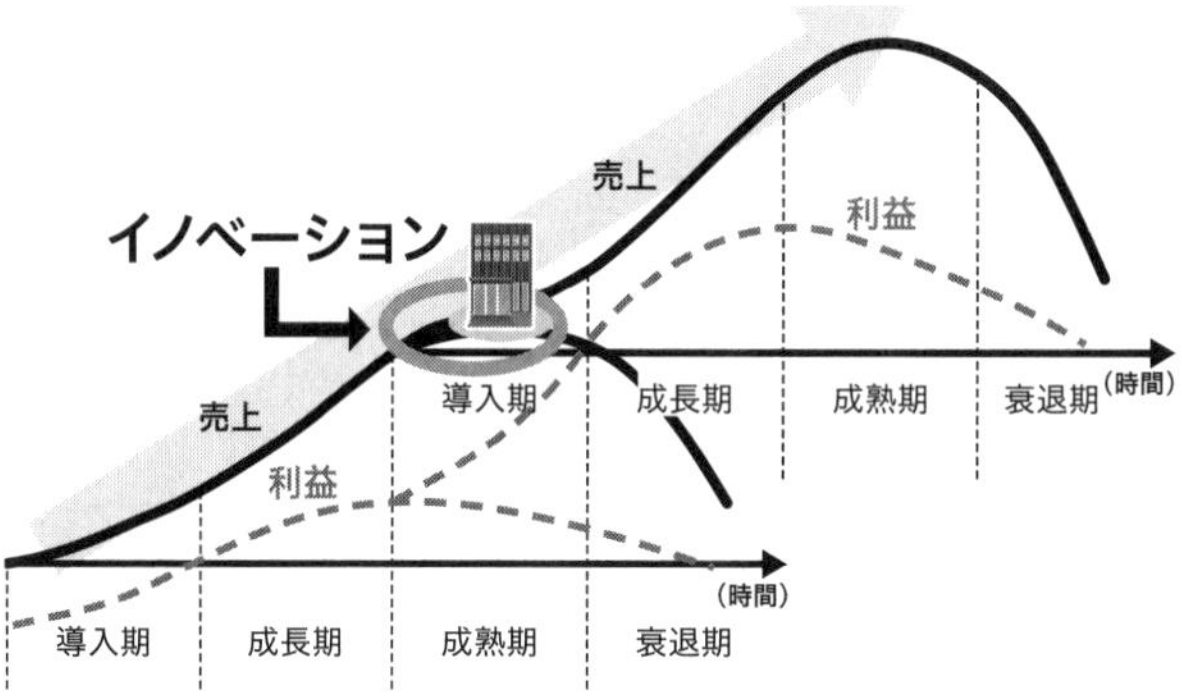

図6　業界のライフサイクル

ような取り組みをしてはいけません。新ビジネスモデルはコンパクトな規模でスタートさせます。それと並行して、現行のビジネスモデルに係るその周辺のビジネスモデルのうち、今後、拡大が期待されるものに焦点を絞って構築を進めるべきです。私は、それをワークシートにまとめ、そこに自社の事業について書き込み、少しずつ今の商売の基本構造から変化させる手法で、さまざまなアイデアを生み出しました。現在位置するマーケットから徐々に位置をずらしながら、当初の方針やゴールの設定を修正して、イノベーションを完了させます。

このワークシートには、イノベーションを実行するために必要な経営資源を書き込みます。経営資源を最大限に生かしながら、無理なく企業内でイノベーションを実現させるためのものです。まずは、自分の会社について、空欄に必要事項を書き込んでみてください。

商売の基本構造を文字で記すことで、自分の会社の強みを認識することができます。その強みをイノベーションの足掛りにします。エコリングの例で説明をします。

表1は現在のエコリングの商売の基本構造です。この表の「どこで」「誰に」「何を」「どうやって」の各項目を埋めてから、それぞれの重要度（会社の強みの割合、％）を書き込みます（**表2**）。全体を一〇〇％とすると、各項目の平均は二五％となりますので、それを標準値として割合を書き込みます。さらに、割合が最も低い欄を変換させていきます。**表2**を原型として、「どこで」の欄を変換させます（**表3**）。具体的には、「日本のマーケットで」を「香港のマーケットで」「世界中の富裕層が多い国で」などとすると、商売をする場所もマーケットも変わります。割合の低い項目を変換するとリスクヘッジができます。割合が高い項目を変換すればイノベーションリスクが高くなります。差し当たり最大の強みにならない項目を変換するだけなので、自社の本来の強みを最大限に活用しながら企業変革（イノベーション）させることができるのです。また、同時に二つの項目を変え

表1　商売の基本構造

社名：**株式会社エコリング**	
どこで	日本のマーケットで
誰に	40代の主婦から
何を	買い取ったブランド品を
どうやって	ネットや業者間取引を行い
	収益を上げています

表2　会社の強みの割合

社名：**株式会社エコリング**	
どこで	日本のマーケットで（15%）
誰に	40代の主婦から（15%）
何を	買い取ったブランド品を（30%）
どうやって	ネットや業者間取引を行い（40%）
	収益を上げています

表3　立地のイノベーション

社名：**株式会社エコリング**

どこで	香港のマーケットで（0%）
誰に	40代の主婦から（15%）
何を	買い取ったブランド品を（30%）
どうやって	ネットや業者間取引を行い（40%）

収益を上げています

※100－85＝15はイノベーションリスク

ることも可能です。ただし、三つ以上変換するとそのぶんリスクも高まるので、あまりお勧めできません。全項目の変換は、イノベーションというより一か八かの賭けです。稀に異業種からの参入で成功している例もありますが、それはたまたま成功例が大きく取り上げられただけであって、統計上は失敗する確率が高いです。最も理想的なイノベーションは、まず一項目を変換させて、それについて経営に必要なデータを検証し、残りの項目も同様に一つずつ変換させることです。こうして最終的に全項目を変換させます。

このワークシートは次のように活用することもできます。

組織がある程度大きくなると、現場では、目先の仕事しか見えていないと思われるような商売の基本構造を書く人も出てきます。エコリングのワークシート上では、ネット販売で収益を上げていて、当該部署でも同様に捉えています。しかし実態は、ネット販売二五％、業者間取引七〇％、海外輸出五％です。組織が大きくなると社員間の認識に齟齬が生じます。こうなったら修正をしなければなりません。とくに現場の社員は、視野が狭くなりがちな環境にいるため、機会があればリアルタイムの業界の動き、会社の動きなどの情報共有を楽しくわかりやすく上司が伝えます。社員の中にはルーチンワークをこなしていればそれでよいと思う人もいますから、市場環境に興味を持ってもらうためには「楽しく」伝えることが重要です。ここまでくれば、経営者、幹部、現場との危機感の共有ができるようになります。

このワークシートを活用すれば、異業種企業とのコラボレーションも可能です。コラボレーションの基本的な考え（目的）は、両社の強みを有効に利用し、相互に強みの増強や弱みの補強をすることにあります。両社それぞれの最も強い項目を加算すれば、業種や会社の垣根を越えて、幹部間で共にできることを楽しく模索することもできると思います。社長単独ではなく、幹部を交えた話し合いを推奨する理由は、役職によってワークシートに記入する項目やその割合が若干異なるからです。異なる意見があるからこそコラボレーションの可能性に幅が出ます。会話の中から新しいアイデアが生まれることもあります。

このワークシートを活用して、実際にエコリングで生まれたビジネスモデルを紹介します。変換後のワークシートに則って、エコリングは香港進出を果たしました。エコリングのすべての海外法人は項目と割合を同様に変換させることで出店しています。「香港のマーケットで」の部分は未知数のため、成功の確率は八五％、リスクは一五％程度と考えます（成功＝黒字、失敗＝赤字。投資効率、投資資本減少リスクなどは考慮に入れない）。

また、別の成功事例として次のようなものがあります。

「買い取ったブランド品を」を「修理が必要なブランド品を」に変換して、株式会社リシャインというブランド品全般のリペア（修理）会社を設立しました。今では年商六億円規模にまで成長しています（**表4**）。

表4　エコリングからリシャインへのイノベーション

社名：**株式会社エコリング**

どこで	日本のマーケットで（15％）
誰に	40代の主婦から（15％）
何を	修理が必要なブランド品を（30％）
どうやって	修理して商品価値を上げて、ネットや業者間取引を行い（40％）

収益を上げています

このように、今の商売の基本構造から少しずつ変化させながらビジネスモデルを進化させることでイノベーションが実現し、企業は永続するのだと思います。

成熟期前半では、可能な限り有効だと思われる仮説を実践して成長期前半が終わるまでに、新しいビジネスモデルの導入期を創り出さなければなりません。それを成功させなければ、企業としての永続は望めません。成長期前半でイノベーションを図ることができなければ、同期後半ではさらに困難なイノベーションへのチャレンジを強いられることになります。

成熟期後半

成熟期後半では、いずれやってくる衰退期（十年後には自社が消滅すること）を視野に入れてイノベーション（企業変革）に取り組みます。ここでは、財政的な企業体力を落としてまでイノベーションに投資をすべきではありません。幸か不幸か、私はまだ成長期後半から衰退期を経験していませんので、ここでは、成熟期前半までにイノベーションが完了していないと仮定して話を進めます。

成熟期前半までに新しいビジネスモデルの導入期を迎える波を作ることができない場合は、社長自らが新しいビジネスモデルを創り出すしかありません。

いよいよ新しいビジネスモデルを実践することになったときに経営が安定していて、時間的な余裕があれば、即戦力になる（事業構築ができる）社員に任せることになると思います。彼らは、既存事業でも戦力になっているでしょうから実績があります。しかし、衰退期を目前にして、新しいビジネスモデル構築のために、一時的にでも彼らが自分の職務を離れるとなると、既存事業の収益の維持さえ危うくなるかもしれません。こんなときだからこそ社長が彼らの代役を務めて、社員の生活と組織を支えるべきです。社長が無給で働けば、新たな人件費を用立てる必要はありません。社長業に携わっていない人がこれを読んだら「桑田なにがしは、なんとひどいことを言うのだ」と思うかもしれませんが、一旦会社を潰してしまえば、現状でイノベーションを起こすよりも、もっと大きな負荷（社会的制裁）がかかります。現実的な話をすると、社長は雇用保険に加入することができませんので、会社が潰れてしまえば、その日から無収入です。ましてや再就職も困難です。そうならないように、社長は無給で働いてでも会社を潰さないように踏ん張るのです。

こうして、できる限り企業体力（財務体力）を落とさないように衰退期に挑まなければなりません。

衰退期

衰退期ともなれば、企業の存続も残り数年でしょう。ここから先は生き残り競争です。社長自らが生き残りを賭けてイノベーションをするしかありません。この頃にはマーケット自体も衰退期に入っているので、その衰退するスピードを探らなければなりません。同じ状況下で、同業他社はどんな戦略を実践しているのかを調査する必要もあります。自分の会社がすでに赤字になっていたり、年商や経常利益が減少している場合は、そのスピードも早急に把握しなければなりません。

しかしながら、マーケットが衰退の一途を辿っていても利益を上げている企業はあるはずです。そうした企業と自社との比較・分析を行って、データ化したうえでシミュレーションを行います。そこには自社の倒産（破綻）時期の確定も含まれます。自社が破綻する前に、イノベーションによる新たな収益構造を生み出さなければなりません。データに基く判断基準を持っていれば、おのずと社員のデータ分析力と判断力は向上します。それが浸透するとその会社は数字に強くなります。

自社が破綻する時期を予測したら、どれだけ延命できるかを考えます。収支に赤字が出ていれば赤字を止めます。赤字を止めると簡単に言いますが、そこには、雇用整理、固定資産売却など、かなりの苦難が待ち受けています。しかし、延命さえできれば会社再建のチャンスが巡ってきますから、諦めてはいけません。チャンスを待つ間に、あわよくば競争に勝ち残って、残存利益を手にすることができるかもしれません。

残存利益の説明をするにあたり、ある同一のマーケット（マーケット全体を一〇〇とする）に参入している架空の二社を例に挙げます。その二社の衰退期の経営状況は**表5**のとおりです。

仮にマーケットが毎年一〇縮小すると、両社とも翌年の売上が四五に縮小します。「固定費」は読んで字のごとく、売上に左右されることなく固定的に出ていく金額ですから、売上が減少したからといって固定費が少なくなるわけではありません。そのため、変動費と利益の差が小さくなります。

B社はすでに利益がありませんので赤字です。たとえば、赤字が五だとすると、財務力

表5　ある企業二社の財務状況比較

衰退期突入時

	売上	固定費	変動費	利益	財務力
A社	50	30	15	5	5
B社	50	35	15	0	5

1年目

	売上	固定費	変動費	利益	財務力
A社	45	30	15	0	5
B社	45	35	15	−5	0

2年目　B社は債務超過により経営破綻

	売上	固定費	変動費	利益	財務力
A社	40	30	15	−5	0
B社	40	35	15	−10	−10

3年目

	売上	固定費	変動費	利益	財務力
A社	80	30	15	35	35
B社	経営破綻				

はゼロです。B社は資金繰りが追い付かず、翌年には破綻するでしょう。そうなればA社の独壇場です。A社は、この例を観測し始めて以降、一年目の売上が四五、二年目は四〇に減少します。二年目ですでにB社が潰れてしまいましたから、三年目にB社の売上になるはずの四〇がA社に入ってくれれば、八〇（A社四〇＋B社四〇）がA社のものになります。それが残存利益です。

各マーケットに残存利益があるかどうかを見極める基準は、そのサービスが「世の中になくてはならないもの」かどうかです。残存利益があると思われる場合は、相手（他社）が潰れるのを待たずに、企業買収（M&A）などで先手を打つ方が確実に獲得することができます。M&Aを実施すれば、相手側の顧客も自社にそのまま引き継ぐことができます。ただし、M&Aをするには十分な企業体力（財務力）が必要ですし、財務状況が良くなければ借入もできません。財務力が弱ければM&Aの話すら舞い込んできません。

衰退期に入るまでに、健全な財務状況と収益性を確保し、衰退期に入ったら、できる限り自己資本比率が下がらないように（キャッシュアウトしないように）します。商売は賭けではありませんから、儲かりそうな商売を新たに手掛けたり、流行り物に手を出すようなことは避けるべきです。健全な財務力をもってM&Aを推し進め、できるだけ競争相手を減らして、マーケットの主導権を握ることです。

社長は、創業期のように新しいビジネスモデルの構築にチャレンジし、成功するまでやり続けなければなりません。成熟期から衰退期にかけて、再び新たな導入期を生み出すように努力をします。決してマーケットから離れてはいけません。今、参入しているマーケットを離れると、次のマーケットに移った際はノウハウのない状態で始めなければなりません。そうなると、取引先を含むすべての活動の刷新と新たな投資が必要になり、その結果、企業体力が極端に減少してしまいます。新しいマーケットに移れば、一から信用を積み上げなければなりません。失敗すれば再起不能となり、最終的に破綻します。

エコリングの展望

香港出店を皮切りに、香港と同様の手法でタイ（バンコク）、ドバイ、フランス、アフリカ（ウガンダ）に社員を送り込み、苦労しながら各国で支社を設立しました。広域に法人展開を続けたのは、エコリングのビジョン（世界戦略）を大きく描いていたからです。

エコリングの世界戦略の大義は、社会の不用品（ごみ）問題を解決し、先進国の不用品を徹底的にリユースすることにあります。そして、先進国から出るブランド品などの高級中古品は先進国同士で取引を行い、先進国から出る不用品は、新興国に送って再利用を図ります。不用品の中でも使えるものを徹底的にリユースするのは、ごみ問題、CO_2の排出による地球温暖化、環境破壊などを食い止めるために、少しでも協力したいという考えから発しています。エコリングは、世界物流を構築して、世界で唯一の古物専門商社になることを目標としています。

なぜ、ブランド品のバッグや貴金属のリユースが環境問題を解決するのか、不思議に思

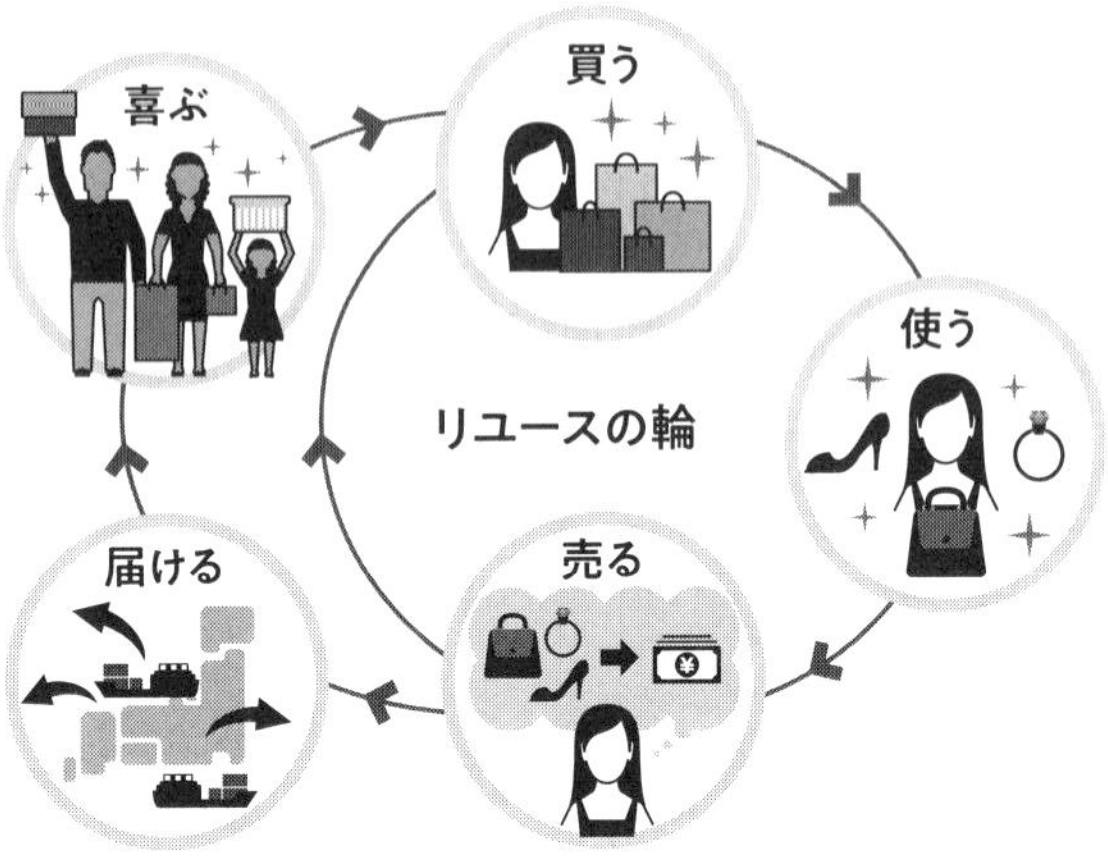

図7　エコリングの商流

うかもしれません。たとえば、指輪を作るのに必要な重さ（約五グラム）の金を入手するには、金鉱石一トンの採掘が必要です。たったそれだけの量を採掘するだけでも環境破壊をすることになり、精製時にはCO_2が発生します。金の指輪を一つ作るだけでもこのような問題が生じます。プラチナやダイヤモンドのような希少な鉱物で指輪を作るとなれば、さらに広大な土地や森林を含む環境を破壊しながら、採掘をしなければなりません。しかし、リユースをするのであれば、すでに採掘や精製が終わった商品を買い取るだけですから、採掘時の環境破壊を回避することができます。ブランド品のバッグのボタンや貴金属にも希少金属（レアメタル）が使われていますから、それらを買い取れば、さらに環境破壊の抑制に繋がります。

希少金属（レアメタル）が使われている高級品を購入する人たちの多くは富裕層です。エコリングは、富裕層を対象に買取りを行い、世界各国で相場が最も高いところで販売します。高級品とともに日用品を同時に物流に載せれば、一回分のコストで済みます。通常、日用品のみの買取りでは物流コストがかさみ、企業運営はできません。日用品の売買は全売上の五％にすぎませんが、体積比は、高級品を一とすると日用品は九九です。日用品だけをある程度まとめて発送するにしても、それだけの物量を動かすとなるとかなりの経費がかかります。しかし富裕層のお客様が我が社の店舗に持ち込む高級品の物流があるからこそ、日用品の物流にコストをかけても我が社の商売は成り立つのです。そのため、通常、販売金額が買取金額と物流コストを上回る（物流コストが合わない）日用品を買い取っても経費倒れにはならず、他社が容易に買い取れない商品でも取り扱うことができるのです。

こうして得た利益によって、我が社はごみの削減に取り組むこともできると考えます。

ちなみに、日本でごみ処理に充てる税金（ごみ処理事業経費）は、年間約一兆九六〇〇億円です（平成二八年度）。全国民が一〇％のごみを削減する努力をすれば、二〇〇〇億円を節減することができるはずです。しかし、実際には、抜本的に国家予算編成の仕組みを変えない限り、国民がごみを一〇％減らしたところで、計算上の約二〇〇〇億円を削減できるわけではありません。

かつて郵政省（当時）で働いていたときのことですが、予算確保の担当者は、今年度以上に次年度の予算を確保すれば評価され、対前年度予算を下回れば評価が下がるのが慣例です。そのため、今年度の予算として確保した金額を下回る支出で賄ったとしても、それが評価されることはなく、むしろ次年度の予算請求が難しくなるからという理由で、なんとかして確保した予算を使い切ろうとします。年度末に道路工事が多くなるのはその典型的な例です。それどころか、次年度は今年度よりもさらに予算を多く確保しようとする。企業が、コストを下げて効率良く働くことで多くの利益を上げようとするのとは正反対です。ごみを減らすために国民がどれだけ努力をしても、国が湯水のように予算を無駄使いしていたのでは成果が出るはずがありません。

国民一人ひとりがどれだけごみを減らしても、ごみ処理事業経費を含むあらゆる予算が削減できないというのであれば、リユース会社であるエコリングとお客様が力を合わせて日本国に提言ができるのではないかと考えました。国民の税負担の軽減や環境破壊の抑止をすることで社会が良くなるのだとすれば、少なくとも私がこの世に生を受けた意味があります。

富裕層が手放したもの（不用品）をリユースして、新興国に届けることでもごみの削減ができます。富裕層が不用品として仕分けたものを可処分所得が非常に少ない新興国に持ち込めば、有効活用されます。極端に言えば、日本ではごみとして処分されるはずのものが、所変われば利用可能な中古品として扱われます。日本人は、食器はあくまでも料理を載せるための器として活用しますが、タイでは、植木鉢代わりにどんぶりを使ったり、小皿をアクセサリー入れにしたりします。また、日本では、雛人形は段飾りか否かに拘らず、人形が揃っていることが前提です。しかも、雛祭り以外の目的で飾ることはありません。ところが、ＡＳＥＡＮ諸国に行くと、雛人形は単体でフィギュアとして売れるのです。仮に一体欠けていたとしても、彼らにとっては大した問題ではありません。

フランスでは、羽織を古物商に見せたところ、"Japanese Happi"と言われたことがあり

海外での和食器の活用例。アクセサリーケース代わりの小皿（左）と植木鉢代わりのどんぶり（右）。

ました。おそらく、ビートルズが来日して、空港のタラップを降りるときに着用していた法被《はっぴ》と間違えたのでしょう。羽織と法被の商品価格は天と地ほどの差がありますが、彼らには両者の違いはわからないのです。しかも彼らは、羽織の裏地に描かれている鷹、虎、富士山などの染抜きを見てリバーシブルだと思っているのです。私たちは、文化も異なり、固定観念がない世界を相手に、そのような商品を販売します。彼らにはあえて商品説明をしないことで、使い方を考えさせ、彼ら自身が自らの手でその価値を見出すように促します。そうすると、彼らはそれぞれの商品に独自の新しい価値を付加して、海外の古物商にできる限り高値で販売するようになります。それに対してエコリングは、その相場を摑み、日本での買取相場を上げるスパイラルを創るようにします。

ここまでして一企業が真剣にごみ削減に取り組んでも、そう簡単に世の中は変わりません。そこでエコリングは、商品に付加価値を付けて、お客様の支持を得ることを思いつきました。

すでにそれを実践する会社があります。それは、私たちもよく知っているエルメス社です。エルメス社は、伝統工芸としてその価値を認めたものを保護する活動を行っています。後継者不在、もしくはマーケットの衰退が理由で、その手法が途絶えることを危惧し、エルメスはその技術を使って、デザインを施した商品を世に売り出しています。たとえば、七宝焼きのバングル（留め金のない輪型のアクセサリー）がそれです。また、同社は環境保護のためにラバー素材のバーキンを製造しています。ゴムの樹林は放置するとその一帯が荒れてしまうため、樹液を採取して荒廃を抑止しています。

これは、私がフランスのエルメス社のスタッフに直接聞いた話なのですが、同社はその樹林を丸ごと買い取ることで、森林破壊の抑止に貢献しているのだそうです。バーキンを購入するのは主に富裕層です。彼らにバーキンを販売することで得た利益を、環境破壊抑止、伝統技術継承などに投資しています。バーキンが高くても売れる理由は、その品質やデザインを指示するファンがいるからです。彼らは、自らがエルメス社の商品を購入すれば、同社の活動の下支えはもちろん、間接的に社会問題解決に一役買っていることを知っています。

ブランド品や貴金属には、世界相場が存在します。したがって、どの買取店でも相場以上の値段では買い取りません。買取価格がほぼ同じなら、お客様は付加価値のある会社での買取りを望むはずです。エコリングが買い取った後の商品には「リユース」という付加価値があります。それが、我が社が唯一無二の買取店であることを裏付ける理由です。リユースに共感するお客様こそがエコリングのリユース物流を支えているのです。

利益になるものしか買い取らない業者も存在しますが、我々は、それとはまったく異なる思いで古物業界を考え、リユースをしています。お金になるものだけを取り扱えば、確実に経営効率は上がります。しかし私は、お金儲けしか考えない企業は、社会における存在価値が薄いと感じます。お金儲けよりも大切なことがあるのです。もちろん、企業は利益を追求する組織でなければなりませんが、社会問題にも向き合わなければなりません。

一企業としてどのように社会問題と向き合い、専門性を駆使して解決するかが重要です。シェアリングエコノミーの代表格であるウーバ社を例に挙げてみましょう。

車を大量に販売し続けると、環境汚染、環境破壊が進みます。車をシェアすれば、市中を走る車の台数が減り、環境汚染を阻止することができます。とくにシェアライド（相乗り）はその効率性が認められてきました。車を一台維持するよりも経済的な負担が少ないため、需要は増えつつあります。

商売が行われるマーケットには、必ずお客様のニーズがあります。そのニーズのほとんどは、「不」のつく言葉から生まれます。「不」を取り除くことで商売が成り立つからです。たとえば人生の「不安」を和らげるための生命保険があり、日常生活の「不便」を解消するコンビニエンスストアが存在します。世の中の「不」を取り除くことはお客様のためにもなります。それを手助けするのがその道のプロです。リユース業界では我が社もその一つです。私たちエコリングが参入しているリサイクル市場（古物業界）の使命は、不用品を再利用させること、さらにその先にはごみを減らすことにあります。エコリングは、お客様が放出する（不要に感じる）ものを査定し、そこに新たな価値を上乗せして、次の使い手に届けるための懸け橋です。そして、我が社を利用するお客様は、将来的にごみ削減を実現させる「地球に優しい良い人」です。

新興国にリユース品を送るメリットは、環境破壊を食い止めるだけではありません。高価過な新品に手を出せない新興国の人々が中古品を廉価で購入することができるようになれば、富裕層と貧困層の格差を縮めることになります。

擦り切れるまで着古した衣服を着ていた人たちが廉価な衣類を入手できるようになれば、常に清潔なものを身に付けることができます。また、マサイシューズを履いていた人たちが中古のスニーカーを入手すれば足下が危険に晒されることもなくなり、安全に暮らすことができます。こうしたことを喜ばしく感じる新興国の人々を見ていると、我々エコリングは世界中の役に立っているのだと実感します。

産業革命以降、人々は時代とともに大量生産・大量消費をするようになりました。資本家が会社を持ち、消費者が商品を購入することで経済が循環するようになりました。大量消費が進めば資本家はますます裕福になります。一方で、大量生産に関わる労働者には適正な利益の分配が行われず、労働者と使用者の間に貧富の差が生まれました。産業革命か

廃タイヤをサンダルに加工したリユース品（マサイシューズ）。

ら一五〇年以上経った今、再び貧富の差が拡大しています。エコリングの活動は、大量生産・大量消費の潮流をリユースにより食い止め、少しでも貧富の差を縮めるために貢献していると自負しています。

とくに、日本人は物を大切にかつ丁寧に使うので、中古品であっても状態はかなり良いです。しかも、ユーズド・イン・ジャパンの商品は基本的に高品質であるため、新興国で歓迎されます。

ユーズド・イン・ジャパンが歓迎される例として次のようなものがあります。

アフリカに輸出される自転車には二種類あります。いずれも中国で生産されていますが、一方は新品、もう一方は日本で使用した中古品です。驚くことに、後者の方が高値で売られています。私にはそれが信じられなかったので、調査をしたことがあります。

後者が高値で売られている理由をアフリカ人に尋ねると、「中国製は新品であってもあっという間に壊れてしまうが、ユーズド・イン・ジャパンは壊れない」という答えが返ってきました。しかし、どちらも同じ中国製です。私は、とても不思議に思いました。中国人は、輸出先ごとに自転車を作り分けているのか？　私の目には、どの自転車も同じ素材を使用しているように見えるが、アフリカに輸出された新品は部分的に粗悪な素材を使用しているのか？　どうにも疑問は解決できないので、私は中国（現地）の自転車工場を見学しに行きました。経営者の目で見る限り、中国向けであれ日本向けであれ、一括で作った方が経営効率は上がるはずなのに、輸出先国別にわざわざ生産ラインを分けるのは、どう考えてもおかしい。私は、アフリカへ輸出する自転車が二種類ある理由を社長兼工場長の男性に尋ねました。彼は「当社で作っている自転車はすべて日本向けです。日本は安全と品質の水準が非常に高く、ライン生産では、日本の基準に達しない不良品が出ることがある。その不良品を廃棄せずにアフリカに輸出している」と言いました。アフリカに送られていた自転車は、日本に輸出されるはずだったもののうち不良品で、基準を満たした自転車だけが日本に輸出されていることを知り、ユーズド・イン・ジャパンの信頼度の高さを感じました。

エコリングが扱うリユース品の主な物流では、日本で発生したものは極力日本で販売し、そこで売れなかったものをタイで販売するようにしています。タイで売れなければさらにカンボジアで販売します。しかし、そこまでしても売れないもの（使いかけの鉛筆やボールペンなど）は、社会のセーフティーネットが非常に弱いタイ、カンボジアなどの地域に寄付します。寄付された商品を受け取った子どもたちに笑顔が広がるのを見るのは、私の生きがいであると同時に、エコリングの原動力にもなっています。現在、我が社のリユース率は、輸送中の破損を除けば、買い取った商材のほぼ一〇〇％（寄付活動含む）です。

一方、EU圏から出る商材は、ドバイ、アフリカなどで販売し、アメリカから出る商材は南米で販売します。世界を南北に三分割する物流ラインと、先進国間で取引を行う高級品の物流帯により、地球全体に物流網を持つことになります。地球は、二十四時間で一周しますので、それらを三分割して（八時間ずつ）デリバリをすれば、日本国内だけで行っている商売を日本以外のエリアでもすることができるようになる。そうすると、一日あたりの稼働エリアが三倍になるので、どの時間帯でもエコリングが稼働していることになります。その結果、主要通貨を獲得する機会も増えます。さらに事業体のポートフォリオを作れば、為替の乱高下や局地的な不景気に左右されない企業となり、世界の動きとともに我が社も成長するのです。

これを実現するための鍵を握るのが、世界中に点在するフリーポートです。フリーポー

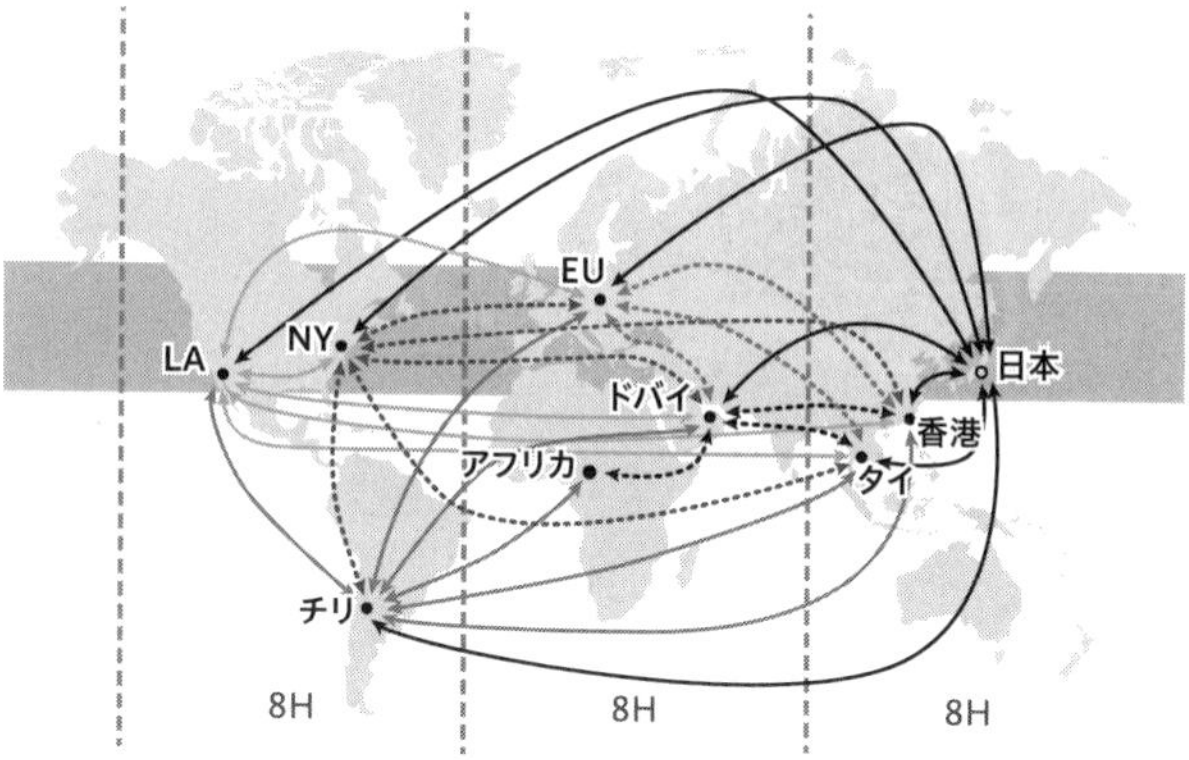

図8　先進国から出る日用品の物流ラインと高級品の物流帯

トでは輸出入関税が課されません。香港、シンガポール、ドバイにフリーポートを構え、商品を一旦そこに滞留させて販売すると、世界中のバイヤーが集まってきます。しかも、それらの国で全商品に買手が付かなかったとしてもシップバック（返送）できるのです。フリーポートがないと通常の関税が課されるため、返送時の原価が高くなり、再販売が難しくなってしまいます。フリーポートを活用するのはそのためです。

　エコリングは急速に事業規模を拡大するのではなく、企業として永続するために人財と共に着実に成長しながら、いつかは完成する世界戦略（事業体のポートフォリオと物流ライン）を構築

タイの小学五年生の孤児が描いてプレゼントしてくれた絵画（私の宝物）。

する会社でありたいと考えています。それらの世界戦略を見据えながら、現在、丁寧にＡＳＥＡＮ諸国で取引先の獲得を進めています。

コラム7　人は誰でも「優秀」になれる

人は誰でも、「自分は優秀ではない」と思った瞬間から、ものごとをネガティブに考えるようになります。そういう社長は、学歴コンプレックスを持っていることがあります。学歴の優劣は、大学に入るまでの十八年の学習度合い（成績）を推し量る物差しでしかありません。私は、それが人生のすべてではないと思います。たとえば、三十年をひと区切りに考えたら、十八年間の高等教育を受けられなかったとしても、その先まだ十二年も勉強するチャンスがあるのです。大学を卒業してもそれ以降なにも学ばない人と、大卒ではないが三十歳まで学び続けた人では、いずれが大成するでしょうか。生涯かけて学び続けた人の方が大成する可能性を秘めていると思います。

裕福だからといって幸福が約束されているわけでもなければ、家庭環境が複雑だから不幸になるとも限りません。自分は人よりも劣ると思うのなら、それを憂いたり諦めたりするのではなく、「自分よりも優れている人と肩を並べてやろう」という気概を持ち続ければよいのです。そうすればいつか「優れた人」になることはできると思います。

コラム8　人材育成

「社員が育たない」と言う経営者がいますが、それは社員が育つ環境（社風）が整っていないからです。人材育成は実践を伴うため、教育に対する考え方を変えない限り人財は育ちません。教育により「人材」は「人財」となるのです。

たとえば、小学校が、すべての試験に満点を取らなければ進級できない仕組みだったら、今頃、あなたは義務教育を終えているでしょうか。日々の授業は難易度が高くなり、生徒たちはそれについていけるように頑張る。不得意なことが、時間を経てできるようになるのが教育のあるべき姿です。会社も同様で、満点を取った者だけが昇格する環境よりも、失敗をすることを許容する環境（社風）の醸成が必要です。失敗から何を学び、それをどのように活かすのかを社員自身に考えさせれば、失敗をしても自分の足で立ち上がることができます。挑戦する途上の失敗は中間結果でしかありませんから、それほど気にすることはありません。ひとたび社員に失敗への恐怖心を植え付けてしまうと、モチベーションが下がってしまいます。最終目標に向かう途中の失敗には寛容であるべきだと思います。

おわりに

私が尊敬する、日本国民の教育の師父・森信三は「人間は一生のうち逢うべき人には必ず逢える。しかも一瞬早過ぎず、一瞬遅すぎない時に――。」（寺田一清編『森信三一日一語』、致知出版社、二〇〇八年）と言っています。このたび私が自著を執筆するにあたり、人生のどの場面でも必ず起点になる師との出逢いがあり、私はここまでくることができました。危うく聞き流しそうになる言葉を、漏らすことなくしっかりと心に刻むことができたのは、向上心を持ち続け、先輩方の言葉を真摯に受け止めて、地道に実践することを心掛けてきたからだと自負しています。窮地に立たされたときには過去に受け取った言葉を思い出し、自分なりの解釈で実践してきたように思います。

郵政省（当時）を退職してから事業を立ち上げてまもなくは好調だったこともあり、私は社会をなめていたと思います。プログラマー時代に舞い上がって有頂天になっている私に、競争相手は価格競争を仕掛け、その結果、私は一夜にして無一文になりました。時を同じくして、友達だと思っていた人たちはあっという間に私の許を去っていきました。

お金があることを「懐があったかい」と言います。昔の人は良く言ったもので、文字どおり、お金は温かいのです。しかし、人の温かさを、お金と同じ尺度で測ることはできません。それなのに、莫大なお金を手にした私は人の温かさと懐の温かさを混同し、いつのまにかお金の温かさを求めるようになっていました。私の周りに集まってきた人たちは、当然、私自身を必要としているものと思っていましたが、それは私の思い違いでした。彼らは私の懐の温かさに群がっているだけでした。そのときに私は、お金の温かさと人の温かさはまったく違うことを思い知らされました。振り返ってみると、私は、私に忠言する人を蔑ろにし、私の懐だけを目当てに声を掛けてくる人を友達だと思い込んでいました。その結果、私の許に残ったのはたったひとりの親友と母親と借金取りだけでした。それ以来、お金に振り回されない人生を歩みたい、と強く思うようになりました。

闇金への借金返済で、私は人生最大のピンチを経験しました。そんな私に母親は、「どんな生き方がしたいのか?」と尋ねました。私は泣きながら「貧乏な生活をするくらいなら死んだ方がましだ」と言い放ったことで、その後の人生の方向性が決まりました。死ぬ気で仕事に向き合う決意もできました。無一文の私の唯一の収入源だったヤフオク出品で商売をしようと思ったのは、ヤフオクの収入が、私を救う一筋の光に見えたからです。私はこれを大切に、大切に育て上げ、ここまでやってきました。あのとき、定期的にある程度の収入があったら、一点あたり数百円のヤフオク収入のありがたみには気づかなかったでしょう。真っ暗闇だからこそ見える一筋の光を私は信じました。

本書では、対外的にはマーケットに対する考え方を、一企業としてはフェーズごとの準備について述べました。現在、自社が位置するフェーズはどれで、あと何年で消滅するのかを考えるきっかけになったでしょうか。また、そのフェーズが消滅するまでに次のフェーズを迎える準備をすることが事業拡大への近道であること、経営者は一瞬たりとも休むことなく準備をしなければならないことを理解していただけたのではないかと思います。

私が知る限り、準備を怠った経営者は廃業しています。現実を見据え、努力を怠らず、挑戦に次ぐ挑戦を繰り返し、経験値を上げていかなければ、現在位置するマーケットで生き残るのは難しいです。私自身、数年後のエコリングがどうなっているかはわかりませんが、今までどおりマーケットの一構成員として、手を抜くことなく、できるだけマーケットの中心部に位置して生き残ろうと考えています。

エコリングは順調に事業を拡大し、社会性を増し、大きな問題にも挑戦できるようになりました。今では、社会問題解決の橋渡しをする会社になろうとしています。我が社が対峙する社会問題とは、「環境破壊」「ごみ処理」「貧困格差」の三つです。大量生産・大量消費は、環境破壊やごみの増加を招き、さらには格差を生じます。現代の株主利益至上主義により、企業は大量の商品を供給し、消費者がそれを消費することで企業に厖大な利益が流れ込むというスキーム自体が貧困格差を助長し、適正な富の分配を阻みます。先に挙げた三つの問題を放置すれば、国内外の対立が激化し、戦争に至る可能性もあります。エコリングは「リユース」という方法で大量生産・大量消費を抑制し、最終的には、あらゆる格差を縮めることで社会に貢献したいと考えています。

初めから立派な会社でなくてもよいのです。経営者が、どんな困難にも負けずに邁進する精神こそが、結果的に「立派な会社」を創り出します。偉人と呼ばれる人が初めから偉人だったわけではないのと同様です。「エコリングを立派な会社に育てる」という終わりのない夢を持ち続けて進みます。エコリングは「一瞬早過ぎず一瞬遅すぎない出逢い」を大切にしながら、次のフェーズに向けて準備を続けます。そして、マーケットの内外を問わず、今後、経営者のみなさまと出会う日を楽しみにしています。また、本書を通じて、経営者間のネットワークが広がることも願っています。

本書に登場する我が人生の師、それぞれのフェーズで関わってきたみなさん、装幀制作を引き受けてくれた鶴岡奈々子さんほか我が社の全社員、本書の制作にご協力いただいた出版文化社の小野綾子さんに謝意を表し、結びとさせていただきます。

本書が、みなさんの経営の一助になればこれに優る喜びはありません。最後までお読みいただきありがとうございました。

二〇一八年八月吉日

株式会社エコリング代表取締役
桑田一成

桑田一成（くわた いっせい）
株式会社エコリング代表取締役
1968年、兵庫県姫路市生まれ。日本大学農獣医学部卒業。郵政省（当時）勤務を経て、インターネットコンテンツ販売会社を設立。経営に失敗し、極貧生活の足しに自らの衣類や家電をヤフーオークションで販売したことを契機に、全国初のブランド品買取専門店、株式会社エコリングを創業。全国に約80の直営店を持つ。2016年にはホールディングス化し、香港、タイ、カンボジア、シンガポールに拠点を持つ。中古品を世界に流通させて社会貢献する会社をめざす。
業界を牽引する経営者として中小企業経営者向けに企業永続を指南する講演を行うほか、関西・関東のテレビ番組に出演多数。

経営者のみなさん！　準備できていますか？

2018年10月1日 初版第1刷発行
著　　者　桑田一成
発 行 所　株式会社出版文化社
〈東京本部〉
〒101-0051
東京都千代田区神田神保町2-20-2　ワカヤギビル2階
TEL：03-3264-8811（代）　FAX：03-3264-8832
〈大阪本部〉
〒541-0056
大阪府大阪市中央区久太郎町3-4-30　船場グランドビル8階
TEL：06-4704-4700（代）　FAX：06-4704-4707
〈名古屋支社〉
〒454-0011
愛知県名古屋市中川区山王2-6-18　リバーサイドステージ山王2階
TEL：052-990-9090（代）　FAX：052-324-0660
〈受注センター〉
TEL：03-3264-8825　FAX：03-3239-2565
E-mail：book@shuppanbunka.com
発 行 人　浅田厚志
印刷・製本　株式会社シナノパブリッシングプレス

Directed by Ayako ONO
ISBN978-4-88338-645-1　C0034